Martín Peña

DESARROLLA TU POTENCIAL

Un curso de abundancia,
éxito y prosperidad...

Editorial bioquantum

Título original:
"DESARROLLA TU POTENCIAL"
[Un curso de abundancia, éxito y prosperidad]
Autor: Martín Peña Quintero
ISBN-13: 978-1530858354
ISBN-10: 1530858356
Página: www.martinpenalibros.com
E-mail: bioquantum@hotmail.com

DEDICATORIA

*Con infinito amor dedico este libro a la
hermosa conciencia que mora en tu interior...
A esa grandiosa luz que lucha incansablemente
por recuperar la potestad que otrora perdió.*

ACERCA DEL AUTOR

Martín Peña nació en el estado de Jalisco, México, el 5 de julio de 1964.

Es el creador mundial de la técnica de bioquantum; un eficaz método de medicina alternativa que resuelve los problemas de salud física, emocional y espiritual de las personas a través del uso de la energía y el autoconocimiento.

Conferencista, tallerista y terapeuta holístico desde 1992. Autor de varios libros, entre los que destacan: "El libro de bioquantum" | "Ingeniería del ser" | "Los jardineros del espacio" | "Colaboración cósmica" | "Yo soy quien cambia mi vida" | "¡Quiero riqueza!" | "Novela 'Megan', el encuentro" | "Novela 'Megan' parte dos" | "Novela 'Megan' parte tres" | "Desarrolla tu potencial" | "Desarrolla tu potencial 2" | Entre otros...

Contenido

INTRODUCCIÓN

¿Sabías que un gran número de personas alrededor del mundo se la pasa gimiendo y llorando durante muchos años a causa de su triste vida? ¿Será cuestión de suerte que mientras a unos les toca experimentar la vida sin sobresalto alguno a otros el sufrimiento no los deja sentir la armonía y la paz por lo menos un día?

¿A qué crees tú que se deba este fenómeno social? ¿Será tan difícil en verdad encontrar la tan ansiada felicidad? Porque yo sigo pensando que todos los humanos tenemos las mismas capacidades de cambiar un estatus anómalo por otro mucho mejor en el momento que nos lo propongamos. ¿No será mucha belleza toparse de frente con esa maravillosa fórmula?

Y es que he podido descubrir que la principal causa de la terrible desventura de la gente que solloza, se debe al desconocimiento casi total de sí mismos. Sí, dije bien: que no se conocen muy bien a ellos mismos.

La cruda realidad es que hay muchísimas personas que no tienen ni la más remota idea del potencial tan grande que mora en su interior... y que si lo pudieran activar, desarrollar, y explotar al máximo de forma correcta, más pronto que tarde saldrían victoriosos de ese drama sin final que los agobia y los lastima.

Para el que ignora la infinita capacidad latente en su interior, y que no la usa porque no sabe cómo hacerlo siquiera, la sensación en su diario vivir suele ser de fatiga, molestia, quejas por falta de oportunidades para crecer de manera real y sostenida, etc., y ese a mí me parece que es uno de los azotes más graves que actualmente está padeciendo la humanidad.

Yo creo que el desconocimiento del potencial de uno mismo es una enfermedad maligna que conduce a la miseria y finalmente a una muerte segura.

Hasta pareciera que al humano que sufre se le haya hecho al nacer un borrado de la memoria con el que se destruyó todo vestigio de poder, dejándolo sin una sola capacidad para superar las vicisitudes de la vida.

Por ese mismo motivo tenemos que hacer algo tú y yo al respecto, si no, pagaremos las consecuencias por falta de una acción rápida y concreta...

¿Ya pudiste dimensionar lo que quiero hacer con tu persona? Quiero ayudarte a resolver la problemática de la vida en la que te encuentras metido. ¿Aceptas?

No se necesita ser sabio para entender que cualquier persona que logre alcanzar un nivel alto de conocimiento sobre sí mismo, y desarrolle todo su potencial interior, tiene como resultado una vida mejor.

Su existencia sería abundante y placentera, ya que se convertirían en poco tiempo en individuos a los que los demás habrían de imitar un día o querrían seguir sus pasos por el bello ejemplo de vida que les darían.

Yo sólo sé que aquellos que logran sacar provecho de los excelsos dones que están en su naturaleza interna se convierten en seres llenos de luz y armonía. Nada les podría hacer falta en la vida y dibujarían una permanente sonrisa en sus apacibles rostros.

Pensemos por un momento en esos preclaros personajes que todo lo tienen porque han desarrollado su potencial al máximo y gozan de una libertad plena:

Son de los que dedican su tiempo libre a pintar hermosos cuadros, a estudiar idiomas, ejecutar música al piano, escribir novelas o cuentos, también aprenden artes y oficios, lo que representa un suculento alimento para su intelecto y su alma; sin olvidar que expanden sus horizontes viajando por el mundo ya sea por placer o por negocios, etc.

Ah, pues si te suena interesante la idea, te adelanto que lo que persigo con este magnífico trabajo es ofrecerte una excelente oportunidad de superación con la que cambiarás radicalmente tu vida una vez actives y desarrolles todo tu potencial interno. ¿Eso quieres?

Este proyecto servirá tanto para aquellos que en apariencia están cómodos con ellos mismos y con los demás, como para los que han estado buscando con afán algo que les pueda sacar del ensordecedor laberinto de problemas en que se hallan desde hace mucho metidos. ¿Acaso hablo de ti?

Este trabajo es para quienes tienen la necesidad de dejar de sufrir los embates de la vida y están deseando ofrecer a sus seres queridos un futuro mejor.

Lo que haré es entregarte los elementos y herramientas para que generes una hermosa transformación en tu conciencia. Es decir, quiero que experimentes a fondo tu despertar, pero de una manera integral, donde salgas beneficiado tanto a nivel físico como en los campos mental y espiritual.

Este libro está diseñado para ti. Te muestra el camino del cambio que debes transitar para obtener mejores resultados en todos los aspectos de la vida.

Y si de algo estoy seguro, es que al realizar tus propios cambios (desarrollar tu potencial), se amplificará el ímpetu de la conciencia colectiva facilitando así el cambio también en los demás; porque si cambias tú, cambia el mundo (hablo de tu entorno circundante; de lo que representa tu "mundo" meramente personal).

Con este fuerte empujón que te estoy brindando siempre tendrás energía suficiente para alcanzar ese proceso de transformación del que te hablo, y que nunca podría revertir su marcha atrás porque fijarás tus objetivos siempre mirando hacia adelante.

Aquí te ayudaré a reconocer tu poder interior profundo y a ponerlo a tu entero servicio para que conquistes, si no es que todas tus metas, por lo menos un gran número de ellas.

Y si es que ya habías iniciado ese proceso de cambio, este se acelerará y se magnificará hasta el límite donde tú te hayas propuesto llegar. ¡Enhorabuena!

Al interior de este libro te ofrezco un buen número de consejos para que desarrolles tu potencial interior y logres la excelencia.

Las instrucciones que recibirás se traducen en bellas lecciones y recomendaciones para que seas más eficaz, responsable, feliz, compartido, dedicado y altamente profesional en todo lo que emprendas.

Y ya para finalizar, entre muchas otras cosas, te hablaré de la importancia de tener iniciativa propia, así como de un bello arte que tendrás que practicar de manera cotidiana que he dado en llamar 'visualización consciente' para empezar a crear tu nueva realidad.

Con todo lo anterior seguro estoy conquistarás una vida mejor. Y por supuesto que también te compartiré los principios básicos en los que se sustenta todo cambio innovador... así que, bienvenido seas a tu hermoso proceso de desarrollo personal.

Capítulo Uno

EL PODER ESTÁ EN TI

Con los paquetes de información que aquí te entrego abriremos un prodigioso canal de comunicación, y es casi seguro que desde este mismo instante tu cerebro se conectará con el mío y los dos nos sintonizaremos a la par.

A través de estas singulares instrucciones terminarás poniendo atención a la gran variedad de hechos que sucederán en tu entorno de manera cotidiana, así como lo que está detrás y al interior de cada uno de ellos para que extraigas el "zumo" del conocimiento y la sabiduría necesaria.

Aprenderás que con cada mañana la vida vuelve a comenzar... y que así es como inicia el verdadero movimiento continuo de transformación y crecimiento personal.

Cuando aprendas a capturar de manera honda la esencia de lo escrito, experimentarás en carne viva la

15

conexión de lo exterior con lo interior. Y una vez hayas hecho tuya la información que te entrego, te aseguro que la vida se te volverá mucho más fácil de llevar.

Tu meta es el despertar de la conciencia.

Ciertamente te hablaré de un despertar como un gran logro por conseguir; y sé muy bien que cada vez irás identificándote más y más con ese nuevo modo de vida, porque harás muchos más cambios estructurales en tu nueva existencia de los que te podías imaginar.

La clave es que seas lo más creativo posible, que des rienda suelta a tu imaginación y vayas más allá de tus propios límites. Recuerda esto y aplícalo en tu vida: *si lo puedes imaginar, lo puedes crear.*

En realidad de verdad nada es tan difícil como parece, ya que una vez que actives y expandas tu mente, todo lo que te propongas lo podrás conquistar.

Para eso tienes que tener un concepto claro, amoroso y positivo de ti mismo, así como de tu prójimo y del mundo en el que vives, recordando quién eres y todo lo bueno que mereces tener.

Y si de repente no te sientes a la altura de las circunstancias, no te preocupes, ya que a través de este trabajo te ayudaré a reevaluar muchas de tus antiguas creencias, principalmente las que tienes acerca de ti y que te dañan y verás que juntos podremos transformarlas.

Aprenderás a "soñar despierto".

Toma en cuenta que saber 'soñar despierto', una de las formas de poder visualizar correctamente, tiene un efecto incalculable, porque haciendo buen uso del poder de creación que tienes con tu mente, y guiada de forma deliberada, despertarás la sabiduría, la intuición, la confianza y la capacidad de discernimiento que han estado latentes siempre en tu interior y queriendo resurgir.

Con ello podrás un buen día escoger lo mejor de la cosecha que previamente fuiste sembrando en tu caminar.

Utilizando la materia prima que provee tu sublime corazón, y mezclando enseguida esa poderosa energía con la que brota de tu prodigiosa mente, con eso, así de simple, definirás de manera específica lo que desees y terminarás convirtiéndolo en una hermosa realidad.

¡Piensa a colores!

La visualización siempre tendrá que ser a colores, y no como una fotografía fija, sino como un nítido trabajo de video en plena acción... Deberás crear todas esas escenas en movimiento perpetuo y las sostendrás el tiempo suficiente para que coagulen y cristalicen a tu entera satisfacción.

¿Crees poder hacer eso? ¡Seguro que sí! No estás solo en esta nueva aventura de tu vida, pues yo te conduciré de la mano para que logres todos esos objetivos.

Hagamos cierto el dicho que dice que la unión hace la fuerza. Así que, piensa positivamente y convéncete de que sí se puede y de que sí puedes hacer todo lo que te propongas a nivel personal a partir de ahora.

Ayúdate que yo te ayudaré...

Así es como dice el conocido refrán: "Ayúdate que yo te ayudaré". Por tanto, te pido que a partir de este momento empieces a añadir toda clase de emociones positivas y mucho agradecimiento en cada una de las acciones de tu vida para que vayas poniendo algo de tu parte. Ese sí que sería un buen comienzo.

Si prefieres, y para que hagas mejor tu trabajo interno, por fuera dibuja, bosqueja, usa símbolos, imágenes y recortes de revistas que te ayuden a representar todos tus deseos. ¡Manos a la obra! No dejes para mañana lo que debes empezar a hacer hoy.

Abre tu mente al máximo...

Mantén abierta y perceptiva tu mente a todo lo que te pueda llegar en esos estados de creatividad y contemplación...

Porque no solamente estarás creando, sino que estarás recibiendo 'guía interior' acerca de cómo alcanzar tus sueños más rápido y mejor una vez te abras a esa nueva realidad y te lo propongas en la vida.

Visualiza tu potencial desarrollado en su máxima expresión y con la mejor versión de ti mismo recargado.

Siente cómo sería el resultado si todo lo que imaginas y deseas fuera ya una realidad física concreta.

Fantasea y atrévete a ponerle alas a tus más caros anhelos así como a tus más maravillosos pensamientos.

No hay nada imposible para una conciencia despierta que ya ha reconocido que cuenta con todos los recursos. Y esa, esa conciencia despierta a la que me refiero... ¡eres tú!

Confía en ti mismo...

Confía en tu habilidad interna de saber encontrar las mejores respuestas a todos los cuestionamientos de la vida y piensa en todo lo bueno que te puede ocurrir a partir de ahora.

Agradece al universo todo lo recibido y lleva una vida coherente a través de tus acciones.

La mejor versión de ti, y la más actual, es la que ayudará a cambiar tu antigua e incierta vida por una mucho más grata y prometedora.

Te pregunto: ¿Quieres seguir? ¡Sigamos entonces!

Capítulo Dos

ACTIVA TU FUERZA INTERIOR

Intenta mantener siempre una clara sintonía con todo lo que te rodea; porque lo que llevas dentro es un reflejo de lo que te rodea; y lo que hallas por fuera de tu persona, es una expresión nítida de lo que en tu interior habita. ¿Puedes entenderlo?

Imagina por un instante que viajas al espacio exterior y observas el universo, las galaxias y los mundos dentro de lo infinitamente grande... y luego dirige tu atención hacia la intrincada vida microscópica. Con esto te darás cuenta que en toda la naturaleza, desde el majestuoso macro, hasta el pequeñísimo micro, siempre hay un perfecto orden, y nada, absolutamente nada, sucede al azar.

Dicho lo anterior, me atrevo a pensar que no es mera coincidencia que esta obra haya llegado hoy a tu vida, ya que este es el momento indicado para que conozcas ciertas fórmulas que habían estado ocultas ante tus ojos y es hora ya de mostrártelas. Así que, sin más preámbulos, comencemos con el desglose:

Has de saber que dentro de tu cuerpo físico mora una excelsa energía a la que podemos llamar alma, espíritu, esencia, ser o conciencia, y cada uno en su elemento –el cuerpo y el espíritu– tienen su propia función y aspecto, así como su nivel vibratorio en la existencia.

Para poder identificar a la energía interior de la que te hablo, le voy a llamar: "identidad esencial"... y en el mismísimo instante que tomes plena conciencia de esos dos aspectos en tu persona, tanto del cuerpo físico como de la identidad esencial, aprenderás a anclarte en el aquí y ahora...

Es de suma importancia que pongas mucha atención a todo lo que suceda a tu alrededor en "tiempo presente". Tienes que aprender a vivir de instante en instante para que experimentes la verdadera realidad y no te envuelvas o quedes atrapado en las garras de en una vida de ficción.

Aquí la lección principal es que, una vez que domines esa difícil situación: la de estar en 'alerta percepción' –sintiendo el presente continuo–, podrás activar de manera consciente los sistemas internos que tenías dormidos, y a partir de esos momentos tendrás la capacidad de propiciar cambios sustanciales dentro y fuera de tu persona según lo determines a voluntad.

En otras palabras, a través de la canalización de esa increíble fuerza, y con ese enorme caudal de energía o potencial interior despierto, estarás creando de instante en instante tu nueva vida espiritual y material. Estarás 'proyectando' la realidad que vivirás los próximos días, semanas o meses, y te darás cuenta que tu habilidad para manifestar se acrecentará cada vez con mayor celeridad.

Pero te advierto una cosa: si te llegaras a polarizar por el lado negativo, esto es, que creyeras más bien en la oscuridad, en demonios, privaciones, cataclismos y sufrimiento, o si irradias miedo, odio, etc., es tan seguro como que respiras, o como que tu corazón late, que esa será la realidad que atraerás y terminarás manifestando en tu entorno circundante; y por ningún motivo yo quisiera que eso sucediera en tu vida.

Te conmino mayormente a que abras tu corazón a la energía transformadora que se está derramando sobre el planeta en estos días y permitas que tales vibraciones se hagan parte de tu cuerpo físico, tu mente y tus emociones, así le estarás abriendo el camino a la alegría, al amor, la paz, la buena salud y la prosperidad. Estás en tu pleno derecho de elegir cualquiera de las dos cosas.

Recuerda que tú, y nadie más que tú, eres quien crea el cielo o el infierno en la Tierra, porque eso dependerá de las decisiones que tomes al momento mismo de ponerte a pensar y a proyectar con tu mente prodigiosa.

Te invito a que le inyectes el máximo poder a tus sueños más excelsos. ¿Quieres que tu mundo se convierta en un paraíso?, entonces concíbelo primero en tu mente, luego abrázalo en tu corazón y termina recubriéndolo de infinita emoción para que enseguida lo manifiestes en la realidad física de tu vida.

Y como considero que lo que acabas de leer es muy importante, y quiero que lo recuerdes siempre, es preciso repasarlo para que quede grabado en lo más profundo de tu conciencia, y dice así: "si quieres que tu mundo se convierta en un paraíso, primero concíbelo en tu mente, luego abrázalo en tu corazón y termina recubriéndolo de infinita emoción para que enseguida se manifieste como una realidad física en tu vida".

Jamás permitas que el miedo y la acechanza te hagan retroceder en cualquier proyecto que te hayas propuesto en la vida. Tienes que ir con firmeza y determinación para que termines haciendo conocido lo desconocido.

Decide experimentar ahora lo que no habías experimentado antes para que nadie te cuente lo que se siente y no seas engañado al respecto vilmente. Sólo así es como se obtienen las experiencias de la vida.

Atrévete a conocer, sí, por supuesto, pero tienes que tener valentía y arrojo para poder hacer las cosas y bien. Jamás olvides que una sola acción concreta vale más que todas las intenciones juntas de querer saber.

No tienes por qué seguir negando tus aptitudes creadoras innatas. Decide de una vez por todas que de inmediato ejecutarás, y de la mejor manera posible, todo aquello que no te habías atrevido a enfrentar o a hacer por miedo o ignorancia.

¿Y cómo sabrás si tienes la capacidad o la fuerza suficiente para poder consumar aquello que te hace falta por hacer? Muy sencillo, lo sabrás cuando tu corazón y tu alma unan sus fuerzas para trabajar en equipo o de manera conjunta.

Lo sabrás también cuando no puedas permanecer callado y te sientas impulsado a compartir tus gozosas experiencias con otros que deseen escucharte

25

para trascender y cambiar su vida tal y como tú lo hiciste.

Así esparcirás tu amorosa luz y presencia tan lejos y extensamente como te sea posible y te sentirás muy bien cuando aconsejes a aquellos que te lo soliciten.

Serás conocido por tus actos y verás que quienes necesiten de tu luz y sabiduría serán atraídos mágicamente hacia ti.

El tiempo de espera y de preparación terminó. El tiempo de la acción ya comenzó. Tu vida hasta ahora ha sido una gran jornada y has ganado mucha sabiduría; es hora de ir a proclamar tu poder.

Por mucho tiempo fuiste un creador de pensamiento inconsciente y sentiste que estabas a merced de un destino predeterminado. Ahora aprenderás a usar las leyes universales de manifestación para tu más alto bienestar y el de los demás. ¿No es tiempo de curar y dejar ir las dolorosas memorias del pasado? ¿No crees que has sufrido suficiente? Dímelo.

Toma en cuenta que los pensamientos negativos son muy tóxicos y los positivos son sanadores y fortalecedores. En cualquier momento en que el mundo se bambolee y sientas que no estás en control de lo que está sucediendo, regresa a tu centro y busca el manantial de fuerza que viene desde lo más profundo de tu ser.

Con la mente abierta llegarás mucho más lejos sabiendo que el poder del universo te ampara. Aprovecha la capacidad que tienes de usar el vasto reino de las posibilidades infinitas. ¿Por qué insistes en limitarte a lo que ya conoces? Es mejor que te expandas más allá de tus metas actuales; con seguridad te sorprenderás de lo que se presentará ante ti.

Pronto te separarás de la ignorancia y te elevarás hasta sentir la brisa de la libertad que se llama saber interno. En cuanto veas que tu pensamiento debidamente enfocado transforma tu vida, disciplinarás tu manera de pensar y con eso ayudarás a despertar a tu ser que se encontraba dormido; te liberarás de las cadenas del oprobio y experimentarás un indescriptible gozo.

El verdadero deleite consiste en que pronto seas amo de lo físico y no sigas siendo su esclavo, pues tú eres quien ha creado cada cosa a lo largo de tu vida... tú eres el único responsable de todo lo que has hecho; y que para bien o para mal ha afectado a las personas de tu entorno y también a tu vida.

A partir de este momento tú serás quien decida si cada día de tu existencia se convierte en un total éxito o en un rotundo fracaso. Debes convertirte en el dueño absoluto de tu felicidad porque eres quien escoge sentir o vivenciar las experiencias de la vida de tal o cual manera.

Y es que en cuanto veas que tienes el poder de cambiar esto, eso y aquello otro, a partir de ese mismo momento tu vida empezará a ser diferente...

Comprende lo siguiente: si todo lo que piensas terminas manifestándolo, entonces tu realidad es equivalente al cúmulo de imágenes que puedas crear con tus pensamientos. Por eso te pregunto: ¿qué quieres de la vida? ¿Qué es lo que nunca has sabido? ¿Qué es lo que no has experimentado hasta ahora? ¿Te interesa hacer conocido lo desconocido? Porque si hasta ahora sólo habías usado un pequeño porcentaje de tu capacidad cerebral, nada más imagínate hasta dónde llegarás cuando desarrolles al máximo todas las habilidades que tienes latentes para crear...

La tarea que debes realizar ahora es que escribas una lista de todo aquello que deseas hacer en tu vida... pero hazlo ahora mismo, no lo dejes para mañana, por favor. Tu hermoso cerebro funciona con destellos de imágenes y hologramas, y cada vez que piensas en algo, éste fulgura radiante...

Toma en cuenta que cada vez que emites uno de esos destellos sucede algo y afecta tu medio ambiente circundante, así que, aprovecha la gran ocasión para que transformes tu vida.

Capítulo Tres

EL MAR DE CIRCUNSTANCIAS

Los pensamientos son cosas reales, y cada vez que alguien emite uno de ellos, este va a formar parte del enorme mar de energía donde se acumula el sinfín de vibraciones mentales emitidas por todas las personas y que en un momento dado se convertirán en actos concretos o circunstancias.

Todo pensamiento es un pequeño o gran estallido de energía y a través de ellos va creando cada quien su realidad día con día.

Los pensamientos podrán estar cargados tanto de energía positiva como negativa, y cualquiera de esas dos vertientes puede llegar a dominar o eliminar a la otra según sea el peso específico de cada una. Las leyes de la física nos indican que una carga fuerte se sobrepone y termina destruyendo a la carga débil, ¿te queda claro?

Gracias a los enormes avances de la ciencia se está comprobando que los pensamientos son una fuerza muy poderosa que existe en nuestro mundo y que viajan a una velocidad vertiginosa.

Así pues, cuando se lanza un buen pensamiento al universo, se produce energía positiva, la cual se adiciona al mar de energía que nos rodea. Pero cuando se genera un mal pensamiento, se crea energía negativa, y esta elimina la misma cantidad de energía positiva que haya en el mar de la energía de nuestro entorno circundante...

Entonces, cuando se piensan cosas buenas acerca de alguien, la energía positiva inmediatamente fluye a través de ciertos filamentos conductores hasta llegar al campo vibracional de la persona y cancela la parte proporcional de energía negativa que exista. ¿Ahora te puedes imaginar lo que sucede cuando se tienen pensamientos muy negativos hacia alguien?

Recuerda que lo que se cosecha es siempre mayor de lo que se siembra, y que lo que se recibe es siempre un múltiplo de lo que se da.

La energía positiva que enviamos siempre regresa a uno mismo multiplicada muchas veces; de igual manera la energía negativa que se emita siempre regresará a la persona que originó el pensamiento pero en mayores proporciones.

Si alguien envía odio, por ejemplo, esa energía multiplicada regresará al individuo que la creó de manera inevitable. Ahora que si se envía amor, tengamos por seguro que esa energía regresará también en una cantidad muy superior, ¿se comprende?

Tal y como cada quien vaya acrecentando la confianza en sí mismo, de igual manera sus capacidades internas se desarrollarán. Cada acción y pensamiento que se tiene afecta directa o indirectamente el entorno.

Hay que crear la nueva realidad de momento en momento con la expresión más elevada de dicha que se pueda. Tenemos que comprender que los pensamientos así como el 'punto de vista' de cada quien crean los acontecimientos de la vida.

Es importante recalcar que si alguien en un momento dado no se siente cómodo o feliz con las circunstancias que antes creó, debe volver a elegir hasta que se sienta a gusto; y no con los demás, sino con uno mismo, que es lo que realmente cuenta.

Se debe tener el valor de crear nuevos pensamientos y nuevas ideas y actuar en consecuencia. Ojalá todo mundo entendiera que se puede cambiar la senda antes de que sus pies toquen el suelo para evitar resultados funestos.

La preocupación por acontecimientos pasados o venideros es lo que impide realmente experimentar el aquí y el ahora con plenitud. Y esa es una piedra de tropiezo para el desarrollo personal quedando en un estancamiento horrible.

La urgencia es que aprendamos a sentir la frescura y la alegría de estar viviendo de instante en instante el mayor tiempo posible.

Ahora déjame te explico cómo suceden algunos fenómenos a nivel energético en el mundo donde comúnmente nos movemos:

Primero tienes que saber que estás capacitado para manipular directamente todo tu entorno, aunque quizás no te hayas dado cabal cuenta de ello...

La falta de conciencia acerca de cómo crear tu realidad y el papel que juegas en este proceso, puede hacer que tu vida parezca un evento simple y cotidiano y te consideres a ti mismo alguien no apto para "manifestar" o crear las circunstancias alrededor de tu persona.

Puede que te creas la víctima de las circunstancias cuando en realidad eres la causa primaria de los hechos mismos. Eso es si hablamos por ejemplo que estuvieras experimentando en este momento un cierto fracaso en tu vida. Pero ¿y si fuera todo lo contrario?

Uno de los beneficios de entender los conceptos básicos del pensamiento y la emoción es poder ver en forma clara cómo funcionan nociones tan fuertes como la fe y el pensamiento correcto. Cuando descubras y entiendas ese conocimiento, te permitirá tener confianza total en tu persona y eliminarás las dudas para enseguida crear tu realidad bella y emocionante.

Si alguna vez sientes que no tienes poder para crear y manifestar a tu alrededor, sería bueno que consideraras esto: la ciencia ha probado que toda la materia está hecha de energía y que no tiene límite en el espacio y el tiempo. Eso quiere decir que tu mente creativa no tiene límites tampoco. Los límites te los pones tú mismo.

Piensa que ya tienes todo. Debes estar seguro que antes de que lo pidas ya se te ha concedido. La física cuántica ha probado que esto es verdadero. Tú ya tienes todos los beneficios que imagines en tu vida más allá de tus sueños más fantásticos.

Sí, de hecho los tienes ya contigo. Siempre han estado ahí, esperando que los reconozcas. Puede ser que no los estés viviendo en este momento pero ya los tienes, por merecimiento propio. Ahora que, debes también entender que, "tener" y "experimentar", son dos cosas muy distintas.

Una forma fácil de explicar lo anterior es que "tienes" la capacidad de hacer muchas cosas, pero puede que no hayas "experimentado" ese aspecto de tu habilidad natural.

Dicho en otras palabras: No hay nada que tengas que hacer para "tener" esa habilidad porque está dentro de ti; y lo único que necesitas hacer es "experimentarla". ¿Experimentar qué? La habilidad de poder tener (crear) lo que te propongas en la vida. ¿Se te hace difícil entender el enunciado? ¿Crees que se trata de un trabalenguas acaso? ¡De ninguna manera!

La alegría, el éxito, la abundancia, el amor, etc., se manifiestan en la vida debido a que muchos otros así como tú y como yo estamos imaginando y creando esos conceptos a través del mar de circunstancias.

Tu certeza, tu fe, los anhelos, así como la atención que pongas en algo específico es lo que crea las circunstancias. En realidad siempre han existido como una probabilidad las cosas de las que te he hablado, pero eres tú, soy yo, y somos todos en conjunto quienes provocamos que sea algo definido en un momento dado.

Todas las circunstancias a tu alrededor, así como toda la materia, se arma usando información o destellos eléctricos que provienen tanto de tu mente como de la mente de todos los que te rodean.

El mar de la energía donde te desenvuelves no es estático, se encuentra en movimiento continuo. Es una increíble danza de interminable creación. No existe cosa tal como el espacio vacío, pues todo el espacio está lleno de energía, la misma energía de la cual estamos hechos tú, yo y el resto de las cosas.

Cualquier cosa que hagas, o cualquier pensamiento que tengas, se propagará y cambiará la composición de todo lo que haya a tu alrededor sin importar que tan pequeño o grande sea. Y como tú eres parte integrante de ese universo, lo que propagaste volverá a ti pero multiplicado.

Con un poco de tu atención dirigida te darás cuenta que estás comenzando a desarrollar tu intención creativa. Y no dejes de experimentar cosas nuevas todos los días de tu vida.

Ahora ya sabes de qué están hechos tus pensamientos, tus emociones, tus experiencias, y cómo es que fabricas las circunstancias con las que darás vida a la nueva realidad de tu vida. ¿Ya comenzaste a entender cómo se van moldeando los acontecimientos de la vida?

Así que, no pierdas más el tiempo y piensa en aquello que desees para que cambies de raíz tu vida. Pero asegúrate que esté dentro del rango de tu aceptación y haz un dibujo de todos y cada uno de tus maravillosos deseos para que en verdad sucedan.

Enfócate en lo que quieres cambiar de ti mismo; todo es posible. La adicción al pasado no es permanente, te lo aseguro, es algo temporal, porque de ti depende que lo sueltes. Enfócate en tu carencia, dudas, enfermedades, cualquier cosa, y luego cámbialas una a una por algo mejor. Anda, ¡tú puedes!

En el momento que veas frente a tus ojos que algo se derrumba, que se viene abajo y que se disuelve, porque le has retirado la energía del pensamiento, significa que has cambiado tu actitud sobre eso precisamente. Y en cuanto cambias tu actitud sobre algo, lo quitas de allí; se destruye, se disipa, se desmorona, se convierte en ruinas. Aplica este conocimiento en tu vida.

El problema es que si mantienes o evocas la misma actitud añeja que te molestó alguna vez, esta volverá a tomar forma y eso por ningún motivo te conviene; que te quede claro.

Atiende lo siguiente: Con la misma actitud que te enamoras y te vuelves loquito por aquella persona a quien amas y le dedicas sesenta pensamientos por minuto rememorando siempre su grácil imagen, con esa misma actitud te puedes mantener enfermo, ¿lo sabías?

Porque estarías piense y piense en tu dolor y le estarías dando poder y más poder hasta que no haya medicina capaz de curarte. Y si me permites hacer otra comparación: Tu pensamiento es el clavo que sostiene el cuadro que cuelga en la pared. ¿Captas la idea?

Tus pensamientos son el pegamento que une todo lo que proyectas como destello fulgurante que viene de tu cerebro. Así que, si vives una vida imprudente, y escuchas todas las advertencias que dicen que van a "acabar" con tu salud, así será irremediablemente.

Con la misma energía que se destruye algo... repito: con la misma, y no con una nueva, también se puede evitar y provocar que suceda lo contrario. La mente es capaz de construir o destruir cualquier cosa en un segundo y bajo su propio dictamen.

Por ejemplo, al momento que la mente de un sujeto cambia de parecer respecto a una enfermedad, la energía que le daba poder se desmorona y se reanuda inmediatamente convirtiéndose en una salud radiante...

Y todo eso lo hace la misma energía. La misma calidad y cantidad de energía, ni más, ni menos.

Los pensamientos son los que traen los cambios a tu vida porque son luz, y la luz es energía, y la energía se convierte en circunstancias o materia al cristalizar a tu alrededor.

En cuanto los pensamientos salen de tu mente, de forma instantánea se conectan con la persona o acontecimiento que estés necesitando palpar o sentir, porque todas las cosas se relacionan entre sí, desde el elemento más pequeño hasta la forma más grande de vida en el universo infinito.

En cada vida escoges y creas tus decorados y entornos propios, y en esta elegiste a tus padres y los incidentes de infancia necesarios para enriquecer tu experiencia. Recuerda que tú escribiste el guion de tu maravillosa película.

No obstante olvidaste todo lo que te había dicho con anterioridad como lo haría una persona despistada, de modo que cuando en el argumento aparecen tragedias, dificultades o retos, siempre buscarás algo o alguien a quien culpar.

Pero no te preocupes, no te estoy señalando con el dedo, todos sabemos que así es como actúa la naturaleza humana: le gusta evadir su responsabilidad y mostrar pretextos.

Te recomiendo que antes que te pongas a buscar un chivo expiatorio, consideres lo siguiente: Todo pensamiento existe en la dimensión desconocida como una unidad de energía electromagnética, y con la ayuda de tus emociones terminarán emergiendo siempre como componentes básicos de la materia física.

O sea que tus imágenes mentales acompañadas de una emoción intensa serán siempre el anteproyecto a partir del cual aparecerán las correspondientes condiciones o acontecimientos físicos que te rodean, ¿lo recuerdas?

Cuanto más intensa sea tu imaginación, más importante es que te hagas consciente de los métodos a través de los cuales tu propia experiencia interna se convierte en una realidad física externa; ya que tus pensamientos y tus emociones comienzan el proceso de realización o coagulación física en el momento mismo que los creas.

Estás aprendiendo a manejar la energía que posees con propósitos creativos, pero estás atado a aquello que amas y a aquello que odias; por lo que en el juego de la vida deberás aprender a perder y a ganar, a soltar aquello a lo que te habías aferrado y a disolver principalmente el odio y el desamor.

Tu mayor conquista ahora deberá ser la libertad en todos los aspectos de la vida; enfócate hasta lograr ese objetivo concreto. Una vez que experimentes tu propia independencia conocerás la verdadera alegría de vivir. Date cuenta que sin estar vibrando desde una plena libertad no podrás evolucionar como realmente quisieras.

Salirte de la rutina te conducirá al crecimiento en todas sus facetas, y ese desarrollo te llevará a perfeccionar tu vida, porque superarás día con día los nuevos desafíos que se te presentarán.

Usa la energía e inspiración que están vigentes a tu alrededor para convertirte en lo que has diseñado con el ojo de tu mente; recuerda que tienes la habilidad de reunir tus pensamientos y convertirlos en materia o circunstancias según lo determines.

La semilla ya fue sembrada en la quietud de tu mente. En el momento mismo que tomes control de tus pensamientos y tus sueños verás brotar el fruto de los mismos ante tus asombrados ojos.

Capítulo Cuatro

BASES PARA UNA VIDA MEJOR

El medio ambiente que te rodea contiene muchas más cosas de las que podrías llegar a suponer, ¿lo sabías? Y debo insistir en que el desarrollo de tus habilidades innatas no lo vas conseguir sólo con el paso del bendito tiempo...

¿Por qué digo esto? Porque no vas a poder activar todo tu hermoso potencial sólo por el hecho de vivir la vida... y menos si optas por vivirla de una forma demasiado lenta o pasiva. Te tienes que volver un sujeto pro activo. No hay más alternativa.

Toma en consideración que los resultados que obtendrás serán directamente proporcionales al enfoque mental y emocional que tengas de lo que te rodea así como de los actos que ejecutes.

¿Por qué? Porque tienes que llevar a cabo la acción de aquello que 'pensaste' y 'recubriste' de emoción... Repito: tienes que ponerle acción a todo aquello que

41

pienses y emociones para que puedas tener un resultado satisfactorio. ¿Entiendes?

Estás aprendiendo el arte de la realización a base de repetir una y otra vez los mismos papeles como un patrón del que no te puedes desprender con facilidad.

Lo bueno es que ahora cuentas con recursos infinitos de creatividad y posibilidades de desarrollo sin límites para poder lograr todos los objetivos que te hayas trazado con anterioridad.

Tu entorno actual no sólo es el mundo que te rodea como estás acostumbrado a verlo, sino que está constituido también por segmentos de vidas pasadas y ambientes sobre los que no estás debidamente enfocado o no habías dado crédito siquiera que existían...

Acepta tu nueva realidad imaginando que toda la vida has estado ciego a tu propio entorno y que ahora estás recobrando lentamente la visión.

Pero si crees que estás a merced de condiciones que no puedes controlar, es casi seguro que te sentirás incompetente para manejar la realidad actual y para alterar su contenido donde pudieras cambiarla a tu entera satisfacción.

¿Te has puesto a pensar alguna vez·cuáles son las bases para poder construir una vida mejor? ¿Conoces el potencial que tiene la energía del amor? ¿Qué sabes tú de la influencia del amor? ¿Te has podido dar cuenta que el amor es el cimiento sólido que se necesita para trascender en cualquiera de los ámbitos?

Esa hermosa energía te ayudará a entablar una verdadera comunicación contigo mismo desde lo mejor y más puro que tienes, jamás lo vayas a olvidar.

Siempre bríndate a ti mismo la comprensión que dispensas a los demás. Juzga con bondad y sabiduría las luchas de tu propia vida, porque todo lo que rechaces de tu persona también te causará repulsión en los que te rodean.

Si no eres comprensivo respecto a ti mismo terminarás ignorando al prójimo. Por eso, si te juzgas duramente, con seguridad criticarás a los demás. Y si alguna vez sientes vergüenza de algo, verás que culparás a otros por tus errores.

Si pierdes la fe en ti dejarás de apoyar a los demás. Recuerda que no puedes dar a tu prójimo más amor del que eres capaz de darte a ti mismo.

Todos tenemos necesidad de afecto de parte de los demás.

El saber que mereces afecto te ayudará a desarrollar un saludable sentimiento de auto estimación.

De esta forma, la autoaceptación, así como la seguridad de que los demás te quieren bien, te transmitirá un agradable sentimiento de paz interior.

La "seguridad" no sólo te dará una visión optimista de la vida, sino que te dará la confianza en ti mismo para que puedas lidiar con tus problemas con mayor facilidad.

El Amor es una actividad y no un afecto pasivo. Es un "estar" continuado y no un súbito arranque. Es la preocupación activa por la vida y mantener en observación el crecimiento o desarrollo de lo que amas.

La auténtica felicidad consiste en darte a todo aquel que lo solicite. No temas cansarte ni creas que el amor se te acabará, por el contrario, crecerá cada vez más.

Disfruta la fortuna de poder comprometerte voluntariamente y responde en forma activa a tu necesidad de desarrollo personal.

Cree en las demás personas tanto como en ti mismo. Contágiales tu vitalidad y tu entusiasmo cuando estén por darse por vencidos. Apóyalos cuando flaqueen y anímalos cuando titubeen.

Valora a los demás por ser quienes son y no lo que tú quisieras que fueran. Confía en la capacidad de los otros de aprender de sus errores y de levantarse de sus caídas, que por supuesto eso los convertirá en individuos más fuertes y más maduros.

Amar es apreciar tanto las facetas luminosas y radiantes de la humanidad como sus lados oscuros y sombríos.

Recuerda que no naciste para abstenerte en la vida. Naciste para experimentar la vida en total plenitud.

Cuando te conviertas en el dueño absoluto de lo que está dentro de ti, por supuesto que lo que está afuera lo conquistarás con mayor facilidad...

Y nunca olvides que tú eres el que construye las bases para una vida mejor.

Capítulo Cinco

REPROGRAMA TU DESTINO

Estoy seguro que en la presente existencia no sólo enfocas un alto porcentaje de tu potencial en dar sustento o dar vida a tu cuerpo físico, sino que también inviertes otra porción de tu atención en una frecuencia de acontecimientos que en este plano se interpreta como el bienaventurado o cruel "destino".

Y ahora permíteme hacer una pequeña conjetura o un breve análisis de tu vida: Es muy probable que tú formes parte de ese número infinito de personas que desconocen y hasta temen a lo que pudiera sucederles en el mundo que les rodea cuando se habla del futuro, ya sea a corto, mediano o largo plazo. ¿Me sigues?

Tú puedes cambiar tu destino.

Yo te aseguro que tú serás de los que ya no volverán a tener miedo a los tiempos por venir porque estás aprendiendo a influir directamente para que la vida te empiece a sonreír y todo te resulte pleno y maravilloso una vez transformes tu entorno circundante.

En tus manos está que reprogrames, cambies y proyectes un nuevo y promisorio futuro... el que más te agrade y estés a gusto con él; porque todo lo que ahora está sucediendo con tu persona, tiene un origen misterioso y probablemente a ti mismo te sea difícil entender...

Aunque es tan simple como que cada quien está haciendo lo que vino a hacer según el plan magistral que todo individuo pre-diseñó antes de nacer en la presente existencia.

Y es que todos y cada uno de los que convivimos entre sí, estamos situados exactamente donde nos corresponde estar para contribuir a la rica mezcla de experiencias que se están desarrollando a nuestro alrededor.

Eso quiere decir que cada persona o "actor" es necesario para que se complete ya sea la comedia, el drama o la tragedia de todos en conjunto.

Todo lo que eres y todo lo que has sido está dentro del antiguo plan maestro de vida que preparaste antes de nacer sin ser consciente de ello, y podrás modificarlo ahora que lo sabes en el momento que desees.

Eres el único responsable de tus pensamientos y tus actos así como de las decisiones que tomarás por el resto de tu vida.

Estás en la fase de auto-descubrimiento.

Cada una de tus actitudes y pensamientos tienen que ver con el proceso de descubrir quién eres, por qué estás aquí y hacia dónde diriges tus pasos en realidad.

¿Para cuándo se te antoja que podrás responder con exactitud las famosas interrogantes de quién eres, de dónde vienes, y por qué y para qué estás aquí? ¡Muy pronto, lo verás!

Estoy seguro que algún día responderás con veracidad esas preguntas. Pero primero tienes que saber que aquello en lo que te contemples (lo que creas de ti; en lo que te visualices a futuro) en eso te convertirás irremediablemente.

Tienes que empezar a observar con sumo cuidado tus pensamientos y dejar que tu conciencia interior sea quien tome las riendas de tu vida.

Para tal efecto, debes permitir fluir libremente la energía de tu ser a través de todos los poros de tu piel. Empieza ya a hacerlo, no esperes más.

Cuando te conozcas a ti mismo sabrás quién es el que ha creado todos los destinos que hasta ahora has vivido. ¿De quién crees que se trate? De tu alma, del espíritu, de la identidad esencial que vive en lo más profundo de tu ser.

Ya es tiempo de hablar de la felicidad...

Toda la alegría, la felicidad, la tristeza o infelicidad, son cuestiones de elección propia y no de terceras personas. Tú eres el responsable directo de lo que pase dentro y fuera de ti y los demás no tienen por qué influir de manera negativa en tu persona.

Ya deja de entregar a otros la llave de tu felicidad. Mejor aduéñate de ti mismo; que nadie más sea tu amo, pues a nadie le perteneces ni nadie te pertenece.

Las órdenes hipnóticas que la sociedad quiere imponerte cada día déjalas sin efecto por medio de una contraorden tuya.

Recuerda que lo fuerte destruye a lo débil... Por eso tienes que renunciar lo más pronto posible de forma consciente a seguir siendo esclavo de las circunstancias de la vida. Libérate de esas cadenas que te atan. Cuanto antes mejor.

Un infalible método para que logres salir de esos estados de trance que te producen miedo y te estancan, es que sepas qué quieres hacer de tu vida... qué es lo que en verdad quieres crear.

Porque lo que creas de ti en eso te convertirás. Recuerda la máxima que dice: creer es crear. En lo que pienses, lo atraerás a la vida.

Confía en tu crecimiento personal.

Cree en ti y verás los resultados. No necesitas creer en nadie más que en ti mismo...

Toma en cuenta que cualquier cosa en la que decidas invertir tu energía y tus deseos se convertirá mágicamente, y más pronto que tarde, en un sendero de vida cargado de especial significado para tu persona.

Los deseos y los sueños llegan hasta ti porque son inherentes a la necesidad que tu ser tiene de crecer, de aventurarse y ser creativo.

Un deseo es el ansia que tiene el ser de experimentar ciertos sentimientos y emociones físicamente.

Un "sueño" se produce cuando tus deseos se vuelven tan fuertes que llegan a ser una fuente continua de intención, aspiración y concentración.

Todos los deseos son mensajes que recibes del ser acerca de determinados senderos de desarrollo y exploración. Y eres tú, el ser encarnado en un cuerpo físico, quien tiene el poder de decidir qué sueños y qué deseos dejas a medias o llevas a feliz término.

51

Termina lo que empiezas...

Parte de la programación en tu cerebro es que muchas de tus ideas deben parecerte demasiado buenas como para ser verdad, y por eso te olvidas de ellas con facilidad, y yo digo que no te conviene perder el tiempo de esa terrible manera.

Por supuesto que aquellas que pudieron haber sido muy buenas ideas para manifestarse a tu alrededor se van cuando las sueltas y terminan diluyéndose en el éter que vibra incesante sobre tu cabeza.

La recomendación que te hago en estos casos es que seas más selectivo. Elige bien lo que deseas manifestar en tu entorno porque aún no aceptas que tienes la capacidad de hacer muchas cosas a la vez. Eso con el tiempo lo desarrollarás. Por lo pronto concéntrate y haz de principio a fin una cosa a la vez... una cosa a la vez nada más, para empezar.

Muchos de tus sueños y deseos fracasan en la última etapa porque de repente pierdes el interés, ¿te has dado cuenta?; te desilusionas, te desenfocas y comienzas a soñar otra cosa iniciando por consiguiente un nuevo ciclo de manifestación.

Disfruta al máximo cada acto de tu vida.

Los ingredientes secretos para que puedas crear a plenitud son la diversión y la gratitud, por eso, disfruta al máximo lo que estés haciendo cada día de tu vida.

Experimenta todo el placer que puedas y genera una hermosa sensación de logro con cada pensamiento que tengas para que este se concrete rápido y bien. No olvides que la diversión y la gratitud te asegurarán el éxito.

Sería infructuoso que buscaras experimentar la verdad de un acontecimiento de la vida sin ser perceptivo en el presente inmediato, en el aquí y ahora.

Para que comprendas la realidad, debes conocerla directamente... vivirla en carne propia.

Empieza por descubrir el valor de tus ideas, de tus relaciones y de las cosas con las cuales te ocupas. Para que un día llegues lejos tienes que empezar primero desde lo más cerca. Esa es una máxima de todos los tiempos.

Tu tarea en todo momento es prepararte para recibir los cambios con tanta gracia y serenidad como puedas. Si tomas las cosas con intransigencia sólo agravarás la situación y aumentarás el malestar mismo.

Acepta el proceso y muévete suavemente a través de él, tratando ligeramente esas cosas que se presentan en tu vida. En otras palabras: tienes que ser gentil con los acontecimientos cuando los tengas enfrente.

A partir de hoy ya nada volverá a ser igual.

No te tomes las cosas tan a pecho como antes lo hacías. A partir de ahora nada será igual. Estás cambiando constantemente y a medida que las cosas mejoren te harás experto en deslizarte sobre la gran ola del cambio.

Las imágenes de tu mente son los planos de ingeniería a partir de los cuales vas a construir con solidez tu nuevo mundo o entorno circundante.

Tu vida es el cúmulo de imágenes que provienen de tu mente y están en plena acción. Así que, ten muchas razones para vivir feliz.

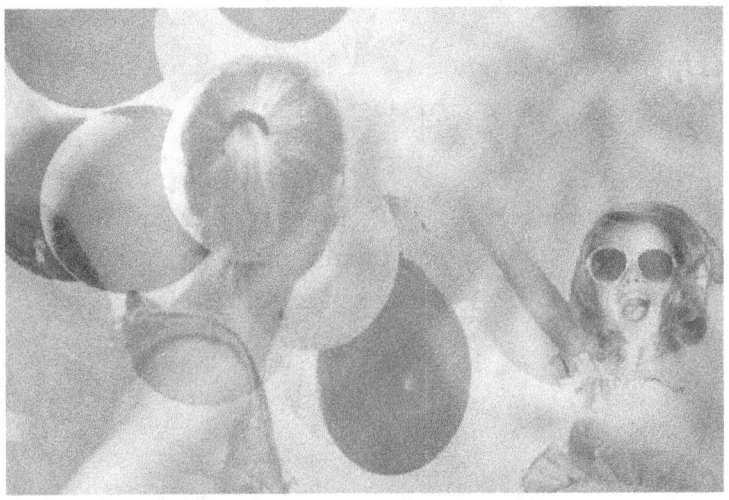

Cuantas más razones tengas, más exitoso y abundante te vas a volver.

Tu vida son tus "imaginaciones", las cuales se expresan en circunstancias y en cosas físicas.

Tu vida es la manifestación en el mundo físico de todas aquellas visiones en las que más crees, sin importar que sean buenas o malas, o que las expreses (evoques o pienses) consciente o inconscientemente.

Deja que tu imaginación vuele libremente para que consigas hacer hasta lo imposible, lo impensable, lo inimaginable alrededor de tu vida.

Entusiásmate con tus propias imágenes. Energízalas con emociones positivas. Todas las emociones son energía en movimiento, y la gratitud es una de las más poderosas de estas sensaciones.

Incúlcale la felicidad y el éxito a cada célula de tu cuerpo con tus poderosas y nítidas imágenes.

Infunde a cada una de tus células la gratitud de que ya has alcanzado tu meta, aunque no la estés experimentando en este mismo momento todavía, ya que muy pronto se manifestará frente a tus ojos.

Capítulo Seis

TODO ESTÁ EN LA MENTE

Quien pueda entender y aceptar que por derecho propio ha sido, es y será por siempre próspero y abundante –porque así lo ha determinado mentalmente–, estará preparado para experimentar un estrepitoso cambio de vida que lo llevará a gozar de una espléndida y fabulosa riqueza en todos los aspectos un día.

Pero también hay que entender que no todos logran ese cometido porque a la hora de los hechos titubean, dudan y son faltos de fe. Y no estoy hablando de su filiación religiosa ni mucho menos, sino de la fe que se tengan a sí mismos para cambiar las cosas anómalas por otras mucho mejores.

Y tú ¿en realidad crees que podrías transitar por la senda de gloria un buen día? ¿O te quedarás viendo a los demás superarse mientras tú sigues sumiéndote entre tus propios problemas?

Resulta que quien en verdad quiera éxito, prosperidad y abundancia, tiene que sentir que "es" el éxito mismo, la prosperidad y la abundancia en su máximo esplendor.

Se debe creer ciegamente en ello para que se convierta en una realidad sin preguntas ni vacilaciones.

Quien logre hacerlo, el universo de inmediato confabulará para entregarle aquello que fue declarado abiertamente, y con toda la seguridad que sea posible, se hará acreedor a ese hermoso regalo. Pero es muy importante que se pase de la teoría a los hechos... y cuanto antes, mejor.

¡Decídete de una vez por todas!

Decide que eres y siempre serás la abundancia encarnada, ya que para ser exitoso, próspero y abundante por fuera, tienes que serlo primero por dentro.

Para que alcances un verdadero estado de abundancia y riqueza tienes que elevar tus imágenes y certeza a niveles equivalentes y actuar de la misma manera, sin olvidar que sea tu propósito más alto el que inculque todas tus acciones.

Para reconocer esa grandiosa verdad, nada ni nadie te frena o te acelera excepto tú mismo.

El éxito, la prosperidad y la abundancia son mucho más fáciles de conseguir de lo que te imaginas.

Volviéndote consciente de tus pensamientos te volverás un diseñador intencional de tu vida. Y te vuelves consciente simplemente decidiendo estar consciente a cada momento todos los días de tu vida.

¡Espera experimentar un éxito enorme! Siempre debes mantener un estado de entendimiento de que tienes y experimentas abundancia porque "eres" la abundancia misma encarnada en tu persona.

Las expectativas como estas de las que te hablo, y el conocimiento sobre ti mismo a este nivel, sabiendo que tienes el poder de cambio, causan la atracción y retiran la repulsión. Esto es extremadamente importante que lo comprendas.

Lo que desees, primero está en tu mente.

Vayas para donde vayas, o te dirijas adondequiera que hayas elegido ir, así como que hayas llegado hasta donde estás en este mismo instante, primero tuviste que "llegar" o proyectar tu arribo a través de la mente. ¿Te parece lógico o increíble este enunciado?

Recuerda que cuando quisiste obtener tu licencia de conducir, aprendiste a manejar el automóvil primero con la mente. Así que, en lo sucesivo, debes entender que llegarás primero con la mente hasta donde quieras ir. Así de simple y así de sencillo es, porque así ha sido y seguirá siendo por siempre y para siempre.

Cualquier cosa que desees tener, primero la deberás concebir en tu mente. Si quieres tener una enorme casa nueva, por ejemplo, diséñala primero en tu mente con todos los detalles; y cuando ya "vivas" en esa casa creada en tu mente, a eso le seguirá el proceso de coagulación hasta llegar a la forma física.

Te sugiero que a partir de hoy analices muy bien todas tus ideas y tus pensamientos porque tarde o temprano se concretan. Repasa muy bien tus ideas así como las cosas que deseas. Vigila tus pensamientos y sé intencional con ellos.

La naturaleza energética de los pensamientos es para siempre. Se trata de una potente energía que no se diluye fácilmente, ya que queda vibrando en el éter universal o mar de circunstancias para concretarse un día finalmente.

Capítulo Siete

CONCIENCIA Y ENERGÍA

Es interesante saber que el común denominador, o sea, todas aquellas personas que desconocen de lo que está hecha su naturaleza humana, casi siempre han creído que nada más poseen una forma: la física que perciben, y ninguna otra...

Por desgracia el ser humano promedio termina creyendo que solamente "es" ese aspecto celular o físico conocido que puede ver o palpar, que se llama cuerpo, y eso es todo... y es que considerar que uno sólo es el cuerpo físico es caer en un error bastante grave.

Es importante saber que durante todo el tiempo que se vive, no se es únicamente el físico, ya que todas las personas en este mundo estamos compuestas de una energía que vibra más allá de lo visible y tangible, la cual se manifiesta a través de la envoltura o vehículo... y esa majestuosa energía a la que me estoy refiriendo se conoce como alma, esencia, ser o espíritu.

Y más vale que se sepa de una vez por todas que el ser o espíritu ocupa la materia física –cuerpo– como una prenda de vestir que se quita y que se pone a voluntad.... porque así ha sido desde siempre y así será por los siglos de los siglos. Cueste trabajo o no creerlo.

Así que, nuestro majestuoso ser, esencia, conciencia, alma o espíritu, está llevando a cabo un juego que consiste en fingir que sólo es un humano común y corriente.

Las grandes filosofías lo han dicho, y la ciencia está a punto de corroborar lo siguiente: que el ser, alma o espíritu, está viviendo una experiencia física humana, y que como es energía pura, es inmortal, y que su origen, hasta ahora, sigue siendo ignoto (desconocido).

Somos conciencia y energía...

La humanidad entera está compuesta de materia y energía, por tanto, no somos lo que se refleja ante el espejo únicamente.

Eso quiere decir que no somos solamente carne. Somos algo mucho más que eso. En realidad de verdad, somos todo un "universo". En tu interior, en espera de que dejes fluir libremente a través de ti, ansiosa aguarda esa esplendorosa e infinita energía, esa vibración electrónica, radiante y multidimensional llamada espíritu.

Tú eres un ser infinito simulando ser finito. Quien mora dentro de ti, tu verdadero ser, es perenne, y tú, a través de tu mente física lineal, te crees el cuerpo físico sin saber que eres algo mucho más que eso...

A través de las ideas y fórmulas de la materia física, el humano ha aceptado que es mortal y por eso muere. Pero hay que saber que el único que se transforma o muere es el vehículo material hecho de células, pero no el espíritu, el cual está hecho de energía pura, ¿te das cuenta? El espíritu es conciencia y energía.

Tu espíritu es el que ha sido, el que es y el que será por siempre. Tu espíritu es una energía inteligente envasada en un molde de carne y hueso llamado cuerpo.

Tu espíritu es una entidad de luz que brilla incansable en tu interior y que clama por recuperar la potestad que otrora perdió. Por eso ahora tienes que reactivar tu potencial interior y, al desarrollar esas habilidades innatas, te darás cuenta que estabas "dormido" de la consciencia y despertarás de ese estado de aletargamiento o sueño.

El nombre de tu espíritu es el que está escrito en el libro de la vida y esa es tu verdadera y única identidad universal.

Tu espíritu está jugando un juego que consiste en fingir que sólo es humano; y el desenlace de toda esa trama es que debe descubrir a base de experiencias en este burdo plano el verdadero potencial de su increíble esencia.

Tu espíritu jamás terminará de aprender, pues no tiene un final y nunca se detendrá en su aprendizaje y adquisición de conocimiento...

Reconócete como el gran espíritu que eres.

Cuando te reconozcas como el gran espíritu que eres, ya no necesitarás más líderes que te ordenen cómo y qué seguir haciendo con tu vida porque aprenderás a ser tu propio maestro y tu propio guía...

Pasarás del punto en que antes tus dirigentes te ordenaban y tú ciegamente obedecías, a seguir tus propios impulsos desde el instante mismo en que tomes las riendas de tu vida.

En tu nueva existencia tan sólo tomarás aquello que vibre fuerte en tu corazón y descubrirás su aplicación práctica en la vida porque tú decidirás qué observar y qué experimentar en la vida.

Esa es la auténtica magia de los creadores de vida, y tú eres uno de ellos, no lo olvides.

Piensa que la vida se está volviendo mejor cada día, porque la existencia de la grandeza de tu espíritu se encontraba oculta ante tu conocimiento y tu mirada.

Y que todas las experiencias de vida te sirvan de inspiración, ya que con tus pensamientos y emociones seguirás creando la nueva realidad de tu entorno.

Eres el "observador"... no lo olvides.

Uno de los mayores elementos de comprensión a saber es que tú eres simplemente un observador, ya que, en cualquier caso, dentro del universo, todo existe...

La vida da vida por sí misma, y tú todo lo que haces es simplemente observar y experimentar a través de las herramientas de tu hermoso y sabio espíritu.

Las herramientas del ser son el cuerpo físico, la mente, las emociones, la voluntad y el instinto de conservación.

Eres un observador con un vehículo o cuerpo para experimentar en carne viva tus propias observaciones.

Lo que eliges observar es lo que terminas experimentando tarde o temprano en tu vida.

Todo está allí para ti en espera de ser tomado.

Así que si eliges muchas cosas, verás muchas cosas, y al elegirlas y verlas las experimentarás finalmente.

Las harás tuyas y eso se convertirá para ti en una verdad absoluta. En una verdad vivenciada porque te constará firmemente su existencia.

La vida es una cadena de acontecimientos.

Tus metas son causadas por ti y por los demás y viceversa... Por ejemplo, cuando tienes la intención de tener una casa nueva, provocas cierta sensación o inspiración en otras personas preparadas que se dedican profesionalmente a construir viviendas...

Así, de inmediato se activa una maquinaria que inspira y atrae todos los eventos necesarios así como a los intermediarios que se requieran para traerte el evento de tener una flamante residencia, y al involucrar ese sinfín de elementos, todos salen beneficiados porque ganan en experiencia.

Sin ir muy lejos, ¿podrías decirme qué fue lo que provocó en mi persona que escribiera el presente libro justo en este tiempo? La respuesta es muy sencilla: lo provocó la gran necesidad y el deseo que tiene un número indefinido de personas de salir del bache en que se encuentran...

Y lo provocó al mismo tiempo su ferviente deseo de activar su potencial interior; lo provocó las ganas de desarrollar sus habilidades para crear su nueva realidad de instante en instante, sus ganas de reconocer la magna energía de la abundancia y la prosperidad, así como de experimentar una vida más plena... eso fue lo que lo provocó.

Capítulo Ocho

EMPIEZA EL CAMBIO ¡AHORA!

Cuánto me gustaría que supieras que todo aquello que deseas tener a tu disposición o en tu poder, anhela estar contigo más de lo que tú quisieras "estar" con eso mismo. ¿Comprendes el enunciado?

Debido a los deseos tanto de unos como de los otros es que se crea una cosa en concreto. Eso ya nos quedó muy claro, porque sin deseos no se crea absolutamente nada, nadita de nada.

Entonces, todo lo que deseas, se crea... y todo deseo que se lanza al universo, alguien más lo capta y realiza lo necesario para que todos los deseos se cumplan (coagulen) de una manera perfecta y matemática.

Como te venía diciendo, a través del espíritu observas lo que deseas experimentar, y tú mismo eliges cómo experimentas cada vivencia...

Cuantas más experiencias de vida tengas, más permitirás al universo que funcione a través tuyo para el bien de todos.

Busca el resultado siempre...

No olvides buscar un resultado satisfactorio a todo lo que aspiras o desees tener en la vida. Pero ten mucho cuidado, porque antes de obtenerlo, ¡lo podrías perder!

En muchas ocasiones he dicho que "la riqueza es la abundancia expresada"... y creo que se entiende con facilidad que la dichosa palabra abundancia debe significar "plenitud" en todos los aspectos de la vida. ¿Cierto?

Muy bien, pues bajo ese parámetro, es interesante resaltar que una de las mayores razones por las que alguien se queda sin experimentar el éxito y la abundancia en su vida –por dar un ejemplo–, es porque sus experiencias llegan a reducirse a la mínima expresión...

Y las imágenes de la mente –combustible necesario para que algo llegue a suceder a su alrededor– tienden a agotarse y por eso las metas se debilitan, se disuelven y se caen, dejando de concretarse o de llevarse a cabo el deseo un mal día...

Esto puede suceder cuando algo nuevo llega a la vida de la persona, provocando que se olvide, literalmente, de la pasión original que le hizo tener el deseo de conquistar el éxito al principio...

Por lo que se deben estar examinando constantemente tanto las metas como las imágenes mentales que dan vida o sostienen "vivo" el deseo ardiente de un cambio positivo.

Nunca está de más recordarte que tu vida la creas a través de todas las imágenes que expresas con tu prodigiosa mente activa, y que provienen estas desde la fuente original que es el ser (alma o espíritu).

Pon toda tu intención en lo que deseas...

Si tu atención es demasiado intensa, muy probablemente cualquier cosa que te propongas obtener, a fin de cuentas podrá ser tuya.

Tú eres el estado mental de la vida. Eres el estado del ser. Eres siempre el ser. Sé siempre el ser. Y aunque estás revestido de una envoltura física, y te identificas mucho más con ella porque es la que mejor conoces, no te olvides que por dentro eres el Ser.

Y aquí saltan las preguntas: ¿Qué es lo que estás pidiendo? ¿Crees que lo que imaginas es algo posible de obtener? Porque tienes que dar por hecho que en todo lo que pongas tu atención e intención, ya se te

71

ha concedido por el mar de energía y circunstancias que vibra en el universo infinito.

Cualquier cosa que pidas, cualquier cosa que te propongas obtener, creyendo, teniendo fe en que así es, finalmente será tuya. Lee muchas revistas de todos los temas. Las revistas te pueden dar ideas, imágenes, metas, deseos y mucho más para que uses como base en todos tus pedimentos.

Cuantas más imágenes puedas tener en tu mente, mucho más rica va a ser tu vida. En síntesis, siempre he dicho que un individuo o conglomerado social logrará la riqueza, la prosperidad y la felicidad en la medida en que tenga grandes y positivas metas...

Sigue estos pasos para "crear":

En tu vida, es preciso que lo sepas, creas tus experiencias primero en tu espíritu... luego en tu mente... enseguida salen las palabras por tu boca... y al final se manifiestan a través de tus acciones físicas.

Porque en realidad de verdad, el creador de las ideas, de los deseos y de los anhelos, es el ser, la esencia, la conciencia, el espíritu. ¿Comprendes?

Repito: Todo comienza en el ser; luego se mueve hacia el pensamiento; enseguida va hacia la palabra, y termina como una acción concreta.

En efecto, la acción sólo pone en su lugar el sistema necesario para recibir y experimentar lo que se origina o "creas" desde el ser, desde el pensamiento, y desde la palabra.

Por desgracia demasiado pocas personas se concentran y ponen la intención en esos primeros tres pasos de "ser", "pensar" y "hablar". El problema es que la mayoría lo único que saben hacer es trabajar como desesperados todo el día y después se preguntan por qué no tienen éxito en la vida.

¿Qué quiero decir con esto? Que las personas sólo accionan, accionan y accionan. Ejecutan los actos, sí, pero no saben que todo viene del ser, y que esa energía pasa por el pensamiento, que luego se convierte en palabras, y por último es que se debe ejecutar la acción... ¡Ups!

El rol de las acciones en tu vida...

Es urgente que sepas cuál es el rol que juegan las acciones y cómo usarlas para la creación del éxito, abundancia y de cualquier otra cosa que beneficie tu vida.

Las acciones son importantes, sí, pero tienes que entender que son el último paso de todo el proceso a seguir. La acción es para experimentar y para recibir solamente.

Te repito: creas un negocio en tu ser, por ejemplo; luego lo llevas a tus pensamientos, enseguida a las palabras, y finalmente actúas; lo que pondrá todo un sistema o maquinaria en funcionamiento para que puedas recibir ese negocio de una manera física... manifestada... de forma tal que lo puedas experimentar.

¿Lo pudiste entender? Si no te quedó claro vuélvelo a leer hasta que captures la parte medular de lo que te quiero compartir. Recuerda que aún la acción más pequeñita tiene el potencial de ser la causa de la mayor oportunidad que viene hacia ti.

Aún tus más pequeñas acciones pueden ser la causa de algo mucho más grande que no ha sido previamente revelado y que tú necesitas experimentar.

Todo cuenta. Cada acto cuenta. Cada acto define tu siguiente nivel de conciencia que tienes pendiente por vivenciar...

El universo es y será siempre un enorme proceso que reacciona "en cadena". Sólo te resta que hagas las cosas con determinación, con firmeza, y sin vacilar.

Por eso mismo te digo: si sólo "tratas" de hacer algo, el universo sólo va a "tratar" de darte también un resultado, y por desgracia te quedarás con las ganas de ver concretado lo que iniciaste porque a tu intención le faltó mayor determinación y fuerza.

Ahora, si haces algo con la certeza de que se va a concretar aquello, que se va a hacer, pero no como que puede llegar a funcionar, sino que estás completamente seguro de que va a funcionar con exactitud, el universo respetará esa confianza y retornará a ti todo lo que hayas solicitado con ese mismo valor agregado.

El universo es tu aliado para crear...

El universo te ayudará a manifestar todo lo deseado. Él es tu mejor aliado, toma eso mucho en cuenta... Da el primer paso para empezar y el resto se revelará a medida que avances.

No puedes andar por la vida diciendo: "No sé qué es lo primero que debería hacer para aumentar mis ingresos". Eso definitivamente no es posible que lo dejes incubar en tu mente...Y yo no puedo concebir que pienses o actúes de esa manera.

Por lo menos debes tener una pista de saber dar el primer paso, que, por pequeño que este sea, es todo lo que necesitas para iniciar, el resto se te mostrará cada vez que avances. Porque si no lo haces de esa manera, si no actúas sobre la primera pista, nunca vas a llegar a la siguiente etapa del proyecto.

Tapa esa zanja ahora. Cierra la brecha haciendo lo que sabes hacer. Pero comienza ya, ahora mismo. Hazlo. Simplemente ve y hazlo. El siguiente nivel se volverá claro y disponible después que hayas dado el primer paso.

Ignorar el paso previo al actuar explica mucho acerca de por qué muchos individuos no son tan prósperos, abundantes, exitosos y felices como lo hubieran querido. Ahora ya lo sabes.

No es ninguna sorpresa que las personas miren a otros obtener el éxito y ellos quedarse estancados en su misma carencia y en su misma enfermedad de siempre.

No esperes a los "tiempos mejores"...

Si no te encuentras en el camino del éxito ahora mismo, no esperes más tiempo para estarlo, porque todo está en que te decidas con seriedad a hacerlo... y cuanto antes, mejor. No esperes que las cosas sean "perfectas" para que empieces a actuar en consecuencia.

Te voy a dar un gran consejo que espero lo tomes muy en cuenta: desde ahora mismo ve por el mundo actuando como si fueras la persona que en verdad "quieres ser"...

Actúa como si fuera imposible no llegar hasta donde quieres ir por lejos que parezca... Las oportunidades aumentarán a medida que las vayas aprovechando una a una, lo verás.

Saca ventaja de la oportunidad que está más a la mano y abrirás caminos que antes te parecían ocultos y tendrás frente a ti un amplio y nuevo abanico de posibilidades.

Al aprovechar la oportunidad más cercana, causarás el despliegue de muchas más oportunidades tanto para ti como para los demás.

No te abstengas ni te limites al actuar...

Recuerda que actuar es muy importante en la cadena de eventos. El camino al éxito, la riqueza y la felicidad, es el camino del equilibrio perfecto, por eso, no permitas que tu pasado oscurezca tu visión de un futuro brillante.

Todo ya pasó, y lo que crees que no ha pasado en ti, es porque no lo has querido soltar. Así que, libérate, suelta las amarras y navega... hazte a la mar. Ve a lo infinito, a lo ignoto, descubre lo no descubierto. Atrévete a hacer conocido lo desconocido.

¿Cuánto más tienes que esperar para comprender que lo nuevo en tu vida es lo que tú vayas creando de instante en instante? ¿Necesitas que la vida te dé más lecciones? Si eso quieres, es que no has aprendido lo suficiente aún con tantas caídas y sufrimientos.

Ya deja de sufrir y mejor elige gozar. Experimenta y goza lo mejor que te ofrece la vida. La vida está para que la tomes y para que te diviertas con ella. No te abstengas nunca ni te limites al actuar.

Cambia cuanto antes la perspectiva antigua que tenías de la vida. De no hacerlo pronto, tendrás que repetir la misma historia hasta que la aprendas, ¿te puedes dar cuenta de la gravedad del asunto? Despierta ya por favor ¡y vive la vida!

Capítulo Nueve

LOS RECUERDOS DEL PASADO

Ciertamente el pasado vive en tu persona en forma de recuerdos, y estos por sí mismos no representan problema alguno; no te provocan ningún daño. De hecho, es gracias a tu prodigiosa memoria que aprendes del pasado y de tus propios errores.

Pero los malos recuerdos, o sea, los pensamientos negativos del pasado, esos sí que son los problemáticos, pues se convierten en una carga cuando se apoderan por completo de tu mente e influyen en tu personalidad y en lo que eres. ¿Captas la idea?

La historia de tu vida está compuesta de recuerdos tanto mentales como emocionales. Y por desgracia, los viejos y malos recuerdos podrías estarlos reviviendo de forma constante como un patrón repetitivo.

La mayoría de las personas cargan durante toda su vida una gran cantidad de "equipaje" de tipo psicológico que ya no necesitan, y el problema es que se imponen limitaciones a través de los agravios, lamentos, negatividad y sentimientos de culpa.

Debido a la tendencia de perpetuar los pensamientos negativos, así como las emociones ya caducas y degeneradas, casi todos los humanos llevan en su campo de energía un cúmulo de dolor que los aflige y atormenta y lo llevan marcado en su rostro y en el cuerpo.

Lo bueno es que puedes aprender a romper la costumbre negativa de acumular y perpetuar las emociones viejas simplemente con que evites seguir dando cabida a los malos recuerdos del pasado, independientemente si los sucesos ocurrieron el día anterior o hace muchos años atrás.

Debes aprender a no mantener vivos en tu mente los recuerdos o las situaciones negativas dolorosas y a instalar tu atención en el continuo momento del presente.

Tienes que dejar de fabricar obstinadamente películas con imágenes de la mente que pudieran lastimarte y atarte al pasado, porque liberarte de ellas puede costarte mucho trabajo.

Recuerda que no hay nada que haya sucedido en el pasado que te impida estar en el presente sólo si tú insistes en ello; y si el pasado no puede impedirte estar en el presente, ¿quién más podría hacerlo?

¿Quién más podría quitarte la libertad de sentirte feliz en este mismo momento? Sólo tú podrías. Porque tú eres el que dicta qué hacer con tus pensamientos nocivos y tus emociones negativas del pasado.

El tiempo es como una cadena interminable de momentos, algunos buenos y otros malos. Pero si examinas detenidamente, descubrirás que en realidad no hay tantos como parece y te darías cuenta que lo único verdadero, puesto que es lo que hay y existe, es este preciso momento.

El presente es lo que está sucediendo ahora mismo, y como los sucesos cambian continuamente, pareciera que cada día consta de cientos o miles de momentos en los que suceden situaciones diferentes.

Pero la vida no es más que el ahora. La vida entera se desenvuelve en este constante ahora, en este mismo momento.

Los momentos pasados o futuros existen solamente cuando los recuerdas o los imaginas trayéndolos a tu mente en el único momento que existe, que es este y nada más, recuérdalo por favor.

¿Por qué tienes la impresión de que hay muchos momentos? Porque confundes el momento presente con lo que sucede, y con el contenido de los mismos.

De ninguna manera podrías negar la realidad del tiempo si lo necesitas para ir de aquí para allá, para conducir el automóvil, limpiar la casa, preparar la comida, para aprender cosas nuevas, etc., porque al parecer consumes tiempo en todo lo que haces día a día. ¿Cierto?

Cuando te descubras ensimismado en medio de un monólogo que no te conduce a nada bueno interrumpe tu charla interna diciéndote: "Eso era antes; ahora es esto"... Y regresa de inmediato al presente, siendo capaz de elegir algo más pero en el momento presente.

Cuando dices la palabra "ahora," traes tu atención al presente. Di "ahora" en voz alta ahora mismo...

Siente el eterno ahora dentro y fuera de ti...

¿Qué está pasando realmente ahora? Pero no pienses en lo que pasó antes, ni en lo que podría pasar después. Sólo siente lo que está pasando ahora. Lo que está pasando ahora mismo, ni antes ni después.

¿Qué está pasando realmente ahora? ¿Ves cómo tienes la manía de no estar presente en cada momento?

A eso se le llama "identificación" con el tiempo.

Pero pon mucha atención porque también te puedes identificar fácilmente con los lugares, las personas y las cosas y así es como de forma inadvertida caes de nuevo en el círculo vicioso de perder la consciencia.

Cultiva la práctica de vivir en el ahora haciéndote consciente del lugar, la fecha y la hora en que estás vibrando. Vive cada momento de tu vida como el único que realmente existe... lo demás no cuenta. El "ahora" es el lugar ideal en el que puedes crear o elegir algo.

El ahora es todo lo que realmente tienes a tu alrededor. Y esa es tu verdad porque la estás viviendo de instante en instante.

Al decir la palabra "momento," será conveniente definir lo que te quiero decir: Un momento es un evento que surge del centro del gran océano de energía de las circunstancias.

Un momento contiene todo dentro de sí para su natural cumplimiento y realización y no está medido en horas, minutos ni segundos.

Tú puedes sentir cuando un momento empieza y por supuesto también puedes sentir cuando termina.

Cada momento tiene un principio, un intermedio y una conclusión; y todo momento es una unidad de experiencia que puede ser muy corta o muy larga, según la percepción que tengas del tiempo.

Pero, ¿qué tendrías que hacer para entrar en una nueva línea de tiempo? Lo primero es que disuelvas tu pasado, porque casi siempre proyectas tu futuro basándote en tu pasado...

Y lo que mantiene a las personas en ese estado tan deplorable es la ignorancia, la culpa, la negatividad, el temor y el miedo a cambiar. ¿Te parece poco?

Abrir los ojos a la realidad es darte cuenta quién eres para que tomes conciencia de tu máxima verdad. Nunca dejaré de decirte que todas las cosas que suceden en tu vida son el resultado del enfoque emocional que tengas de las mismas.

Si pudieras ver tu cuerpo de luz emitiendo impulsos eléctricos por medio de delicadas fibras, de seguro no pararías de trabajar hasta lograr todas las metas que te has propuesto conquistar en esta etapa de tu nueva vida.

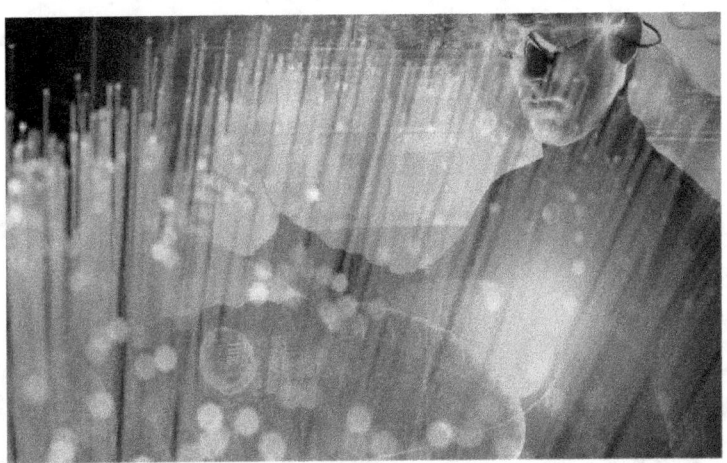

La percepción expandida causa la prosperidad, la abundancia y el éxito en tu vida. El perdón causa la expansión de tu percepción interna y externa.

Cuando perdonas a los demás y a ti mismo por lo que piensas que se hizo de manera incorrecta, te abres para ver lo que tú y los demás verdaderamente son.

Te abres para ver la belleza y la capacidad tanto de ti mismo como de los demás y que tal vez pasaste por alto. Te vuelves más tolerante y puedes abrazar la libertad y el amor.

Y es así, precisamente, como comenzarás a vivir sin la influencia de las circunstancias negativas...

Muchas cosas nuevas empezarán a suceder a partir de estos días y todas estas te ayudarán a expandir tu percepción.

Capítulo Diez

SER, EXISTIR Y CREAR

Ya te dije antes que el tiempo es una creación de la mente enfocada en el pasado y proyectada hacia un futuro imaginario, pero que los dos, tanto el pasado como el futuro, están fuera del "eterno" ahora.

Una manera sencilla de entender al enigmático factor tiempo se puede ver cuando estudiamos a fondo el mundo de los sueños...

Cuando te despiertas, por ejemplo, sientes como que recién te fuiste a dormir a pesar de que pasaste varias horas en la cama. ¿Cierto?

Y todas esas horas no se sienten de la misma manera si hubieras estado despierto la misma cantidad de tiempo. ¿Ya entendiste la idea?

Eso quiere decir que el tiempo está directamente relacionado con la conciencia. Ya que esta es la que te hace experimentar la vida en realidad.

Date cuenta que hay un vínculo claro y directo del tiempo con tu conciencia.

Puede que al principio no lo notes, pero en la medida que mantengas firme tu intención de ser consciente de una vida mejor, y estés atento a ello, finalmente ocurrirá.

Tal vez no sepas exactamente cuándo comenzará a ocurrir. Pero verás que con el paso del tiempo te volverás más consciente con cada momento que pasa hasta que un día mirarás en retrospectiva y comprobarás cuánto has cambiado para bien.

Debes entender y recordar esto muy claramente: cuando tienes la intención de obtener, o experimentar algo, debes saber que ya lo tienes en tu poder. Realmente ya lo tienes por derecho propio. Te pertenece.

Todo lo que vas a hacer a partir de ahí es recibirlo; tomar posesión de él; y es que en la nueva realidad de tu vida estarás despierto a aquello que siempre había existido latente dentro de ti en espera nada más de que lo reconocieras para que coagule de manera concreta.

De hecho, en este mismo instante, mientras lees esta estrofa, te lo puedo asegurar, ya eres muy próspero, abundante y feliz. A partir de ahora lo que tienes que hacer es tomar posesión de esa prosperidad, abundancia y felicidad, o para ser más exactos, estar atento, estar despierto, para conectarte con esos aspectos naturales de tu vida y los hagas realidad.

Sé agradecido por lo que siempre has deseado experimentar, porque sabes que ya tienes todas esas cosas en tu haber, a tu lado, junto a ti para beneficiarte con ellas. Sólo tienes que darlo por hecho que así es.

¿Cómo deberías pensar y ser respecto del tiempo de manera que puedas experimentar felicidad o prosperidad y otras cosas en grandes cantidades y más rápidamente? Dándote cuenta perfecta que el eterno ahora es el único momento que existe. El único que es válido.

Podrás acordarte del pasado y hasta soñar con el futuro, pero tú sólo puedes "ser" y "existir" en el aquí y ahora. No le dediques tanto tiempo al pasado ni te la vivas proyectándote mucho hacia el futuro porque de eso nada bueno sacarás.

Tu mundo exterior es un espejo de tu mundo interior. La gente que tiene poco tiempo en lo exterior, también está escasa de tiempo en lo interior.

Actúan, piensan y hablan creyendo que están escasos de tiempo... cuando todos sabemos que hay más tiempo que vida.

Deja de pensar y decir que no tienes suficiente tiempo. No creas eso ni por un sólo instante por favor porque te limitas a ti mismo al concretar el pensamiento de escasez en tu vida.

El universo no tiene escasez de nada, incluso de tiempo, y tú tampoco tienes escasez, salvo aquella que tú mismo te construyas atrayéndola a tu vida finalmente.

El creer en cualquier tipo de escasez hace que tu conciencia se vuelva más pequeña y más lenta con el propósito de que puedas vivir lo que estás creyendo (creando).

El momento presente es el mayor don que puedes tener; utilízalo de la mejor manera posible, ya que está creado perfectamente para ti según tu declaración de deseos que hayas hecho al universo dador.

Tú declaras los deseos a través de los pensamientos, de los estados del ser, de las palabras y de las acciones que antes has sostenido como lo más real y verdadero desde lo más profundo de tu real ser.

El tiempo presente, este mismo momento, es algo que tú te otorgas como un regalo a ti mismo, por eso se llama "presente". Un perfecto momento presente te permite experimentar, saborear, revisar y cambiar tus pasados pensamientos, estados del ser, palabras y acciones por lo que a ti más convenga a tus intereses.

Sé agradecido con el presente, puesto que sabes que lo puedes cambiar, ya que te permite experimentar tu ser y además porque su entera existencia está para servirte.

Si maldices, condenas o juzgas el presente, solamente harás que se prolongue el mal momento. Aquello a lo cual te resistas, juzgues y condenes, persistirá. Lo que abraces y traigas a la luz para examinar sin juicios, en forma clara y honesta, te revelará las lecciones que estarás buscando.

Decide enfrentar cada experiencia como nueva, eligiendo observarla como si nunca antes la hubieras vivido.

Decide no anticipar una apariencia específica o comportamiento de ningún tipo. Una anticipación basada en tu memoria añeja y tus emociones acendradas podrían traer problemas a tu vida diaria.

Mejor practica día a día el desapego con el desenlace de los acontecimientos cualesquiera que sean, pero ten certeza de tus elecciones e intenciones, así encontrarás un mundo nuevo que se te había venido escondiendo todo el tiempo frente a tus propias narices.

Elige en todo momento la felicidad y vive el instante presente con mucha alegría. Agradece al momento presente por todo lo que te da como experiencias para disfrutar, así como las hermosas oportunidades de verte a ti mismo como antes eras y verte crecer siempre hacia una meta de "ser" todavía mayor.

¿Recuerdas lo que es ser? No puedes pensar ser, no puedes actuar ser, no puedes hablar ser, sólo puedes experimentar ser. Ser es ser; ser es conciencia plena.

El ser no es de ninguna manera la mente. De hecho algunas veces la mente puede destruir lo que desea el ser. Ser es algo que tú eliges ser en el aquí y ahora; no más tarde, sino en el aquí y ahora. La razón de ser del ser, es el mismo ser.

Deberías vigilar tu mente tal como observas las cosas fuera de ti. Comienza a observar el comportamiento de tus pensamientos. De esta manera dejarás de estar bajo el control de la mente.

Deja de identificarte con la mente y conéctate mejor con tu ser; el ser es quien verdaderamente todo lo sabe. Una vez te fundas conscientemente con tu ser, tus tensiones desaparecerán y tu éxito florecerá.

Tu mente es una herramienta maravillosa cuando aprendes a usarla correctamente. Úsala sólo para formular tus intenciones y para darle a la vida las imágenes apropiadas que traerán nuevas experiencias a tu momento del aquí y ahora.

Comenzarás a darte cuenta que en el momento del "ahora" no tienes ningún problema en realidad... tienes eventos, pero no problemas. Los problemas sólo existen en tu cabeza, en tu mente... sólo están en tus pensamientos.

Estás diseñado para ejecutar el ahora en forma perfecta, pero en el momento en que empieces a preocuparte por el futuro, identificándote con la mente en lugar de usarla correctamente, comenzarás a tener problemas. Recuerda que el futuro no existe todavía, sólo está en tu mente, y es una posibilidad de la realidad.

Conviértete en un observador de tus pensamientos, porque en realidad, tú no eres la mente. Es cierto que la mente humana es una herramienta poderosa y hermosa, pero no te identifiques con ella. Úsala para pensar de la manera correcta y desconéctala cuando no la estés usando. Aquí te diré una gran verdad: la mayor parte del tiempo no necesitas usarla. Así que, es mejor que aprendas a pensar con el corazón y a sentir con la mente...

Tanto como es necesario que te pongas metas, es también necesario que abraces y experimentes el presente y actúes en él conscientemente dándote cuenta del mismo si es que quieres progresar. Recuerda: el universo sólo puede utilizar el momento presente para enviarte pistas, gente, eventos y oportunidades para que puedas avanzar en tu camino.

A sabiendas que el tiempo para nada es absoluto, debes tener mucho cuidado ponerle fecha límite a tus proyectos de vida. Por ejemplo: imagínate que tienes la meta de volverte exitoso. Pero de verdad exitoso y muy próspero y abundante en dos años...

Ahora te pregunto: ¿por qué elegir dos años para el cumplimiento de tu meta? Porque ese podría ser un límite muy arbitrario por dondequiera que lo mires...

Y es que tienes que saber que el universo puede crear a ese individuo próspero, abundante y bastante exitoso en un sólo instante, porque nada se le dificulta al magnífico mar de la energía para que te conceda lo que tanto deseas.

Entonces, no tienes por qué poner una fecha al azar para el cumplimiento de lo que puede ser alcanzado en mucho menos tiempo del que pensaste, tomando en cuenta que el tiempo es relativo, y no absoluto.

El ponerte fechas límite también introduce miedo y duda porque empiezas a pensar que no estás seguro de poder cumplir la meta para esa fecha, y lo único que consigues es que te frenes.

¿Qué pasaría si lo pudieras lograr mucho antes pero tu mente continúa mirando hacia aquella lejana fecha? Esto también causa que te sea difícil desapegarte de tus propios deseos y pensamientos, lo cual es crucial para que el infinito e impredecible poder de organización que tiene el universo funcione óptimamente.

Por otra parte, si dices que algún día vas a ser próspero, exitoso y abundante, tampoco es lo más correcto; quizás eso pueda ser peor todavía. En vez de eso, piensa en el momento presente como el único tiempo existente...

Míralo y conócelo como el único tiempo real. Mejor di: "Ahora yo soy próspero y abundante". Esa es la mejor manera en que debes de pensar, actuar, hablar y sentir sobre cualquier cosa... y en tiempo presente.

Ten paciencia con el desarrollo de los acontecimientos; si te apuras o los fuerzas, interfieres y los demoras. La naturaleza es perfecta y no se equivoca. Aprende a darle tiempo al tiempo evitando las premuras. Todo tómalo con calma y no te pongas ansioso.

Si quieres resultados más rápidos, la manera correcta de acortar tiempos es elevando tu certeza, aumentando la claridad de tu imaginación, concentrándote y, lo que es más importante, elevando tu propio nivel de conciencia.

Si tienes conciencia perfecta, imaginación, fe, certeza y claridad, podrás crear resultados instantáneos.

Estás comenzando a crear buenos resultados en tu entorno circundante y cada vez mejorarás a medida que el tiempo pase porque te irás haciendo más y más experto en el arte de transformar para bien tu vida.

La recomendación que te hago es que no seas impaciente para que no retrases los resultados que deseas. Lo más fructífero que puedes hacer es observar, experimentar y crear de forma sublime a cada momento.

Observar, experimentar y crear ahora mismo, es lo más real y verdadero que puedes hacer con tu hermosa y mágica vida. Nunca te detengas, por favor. ¡Tú sigue adelante!

Capítulo Once

LA ENERGÍA DE LAS "COSAS"

Según algunos descubrimientos de la física cuántica, la energía viene "de la nada"... de la dimensión "desconocida"... de donde ciertamente no hay "nada" material o físico, pero a la vez existe "todo", en potencia...

Esa grandiosa ciencia sostiene también que la energía tiene su origen en el "vacío absoluto". Y que la susodicha energía es la "base" para crear la materia. Queriéndonos decir con ese postulado que la energía es la materia prima de la que se derivan u obtienen los sólidos, gases y líquidos que existen por doquier.

Entonces, recapitulando: desde dimensiones desconocidas (invisibles al ojo humano) viaja primero la energía como un pensamiento para cristalizar luego en forma de cosas en la dimensión objetiva, en la que sí se puede ver y palpar todo... donde nos desenvolvemos física y materialmente. ¿Me estoy dando a entender?

En palabras simples o llanas, los pensamientos son los que le dan vida a todos los objetos que nos rodean.

Toda la materia está constituida por energía en su interior. La materia es energía coagulada; energía densificada. La energía es invisible para el ojo físico porque está vibrando en frecuencias elevadas... está en dimensiones superiores difíciles de captar, humanamente hablando; pero existe. ¿Entiendes?

La materia que se encuentra en la tercera dimensión (mundo físico) es energía también, pero está vibrando a escalas o niveles inferiores, por eso la percibimos con la vista y con el tacto. Los humanos somos entes constituidos de materia física. Nuestros cuerpos vibran en la misma frecuencia que todo lo demás... que todo lo que es materia tridimensional también.

Y ahora toquemos a fondo un enigmático tema que hará que cambies tu forma de ver las cosas tan a la ligera como lo hacías antes: En tu existencia como humano, sin que puedas negarlo, casi siempre te ha dado por objetar lo que hay a tu alrededor; de ahí que a las cosas les digas "objetos"....

Y la verdad es que todo lo que vibra en tu medio ambiente, ¡no son meros objetos!... sino que más bien son experiencias que tienes que "vivir" en carne propia, ya que tienes que sentir o palpar su existencia.

Una prenda de vestir, por ejemplo, no sólo es un objeto, porque cuando la usas, estás teniendo una experiencia; agradable o desagradable, pero a fin de cuentas es una vivencia real y verdadera, ¿o tú qué crees? Porque "objetar" quiere decir: no estar de acuerdo en algo... es oponerse a algo... es contradecir algo, etc.

¿Te habías puesto a pensar en eso? ¿Qué será aquello en lo que no se está de acuerdo? ¿A qué se oponen o qué será lo que contradicen las personas cuando se están refiriendo a un "objeto" cualquiera? ¡Pues a la bendita energía que lo compone!, así de simple.

Decirle "objeto" a las cosas, es 'quitarles la vida'. Y nadie debe seguir hablando de ellos en forma despectiva, ni expresarse de los mismos como si no tuvieran inteligencia propia porque sí la tienen. ¡Están vivos!

Y es que el humano común nunca había pensado de esa manera tan poco ortodoxa. El problema es que nadie le enseñó de pequeño que respetara y reconociera la "vida interna" de los objetos materiales.

En honor a la verdad, los objetos con los que tenemos interacción diaria no son cosas inertes, y uno les debería agradecer y dar amor todos los días de su vida.

Aquí cabe recordar que si el átomo tiene conciencia, y los objetos materiales están compuestos de átomos dentro de sus moléculas, etc., entonces me atrevo a decir que los objetos también "sienten". Lo creas o no.

No sigas comprando la idea o creyéndote el cuento que los objetos son 'cosas inanimadas', como te lo han querido hacer ver. Alguien jugó con los conceptos y por eso vives en un mundo de separatividad. Porque en verdad no estás separado con nada de lo que te rodea.

El papel principal que estás llevando a cabo en estos precisos momentos, con el hecho de vivir en este plano dimensional, es la integración total; la unión contigo mismo por dentro y por fuera y con todo lo que existe a tu alrededor.

Así que, cuando le dices "objeto" a algo, es que no estás aceptando que en su interior, todo lo que hay allí, es energía. Sí, dije energía. Y la energía es inteligente, es consciente y es autónoma a la vez. Y también es amorosa, ya que perdona tus desplantes al no tomarla en cuenta porque te olvidas de su existencia.

Cuando el ser humano desarrolla un cierto grado de atención y está alerta en sus percepciones, puede sentir la esencia de todas las cosas y de la vida, así como la conciencia interior o la energía que da vida a todas las criaturas y a todos los objetos y termina reconociendo que es Uno con esas esencias y las ama tanto como a sí mismo.

Sin embargo, mientras eso no sucede, la mayoría de los seres humanos perciben solamente las formas exteriores sin tomar conciencia de su esencia interior, de la misma manera que no reconocen su propia esencia, por lo que se limitan a identificarse solamente con su forma de ser física y psicológica superficial o externa.

101

La finalidad principal de este libro no es darle a tu mente una mera información más, ni inculcarte ciertas creencias, y ni trata de convencerte de algo, lo único que persigue es generar en tu interior un cambio de conciencia para que tengas un verdadero despertar integral.

Esta obra es sobre ti. Y como ya dije antes, sólo servirá para quienes estén listos. Y aunque no todo el mundo está listo, muchísimos sí lo están, y cada vez que uno despierta se amplifica el ímpetu de la conciencia colectiva facilitando el cambio en los demás. Así que conéctate. Ese es el primer paso que debes dar.

Una proporción significativa de la población reconoce que la humanidad está ante una disyuntiva difícil: evoluciona o muere... no hay de otra. Y un porcentaje todavía relativamente pequeño de personas, pero que cada vez se hará más grande, está experimentando en su interior el colapso de los viejos patrones de la mente y el despertar de una nueva dimensión de la conciencia, lo cual se verá reflejado en la sociedad dentro de muy poco.

Mientras todo eso acontece, tenemos que honrar el mundo de las cosas en lugar de darle la espalda y tratarlo con desprecio, porque definitivamente cada cosa tiene una cualidad de ser.

En la mayoría de las culturas antiguas se creía que todas las cosas, hasta los objetos más insignificantes en apariencia, o de los llamados inanimados, alojaban todos estos un espíritu y, en este sentido, estaban mucho más cerca de la verdad que muchos individuos que se creen muy eruditos actualmente.

Cuando las personas viven en un mundo aletargado por lo que unos cuantos quieren meter a sus frágiles mentes, no podrán percibir estos la vida del universo en todo su esplendor. La mayoría de las personas no viven en una realidad viva, sino conceptualizada, y dirigida por unos cuantos a través de los medios masivos de comunicación.

El miedo, la codicia y el deseo de poder son las fuerzas psicológicas que no solamente inducen a la guerra y la violencia entre las naciones, las tribus, las religiones y las ideologías, sino que también son la causa del conflicto incesante en las relaciones interpersonales.

Es verdad que muchas veces el sufrimiento ayuda a adentrarse en uno mismo, sí, estoy de acuerdo con ese concepto, pero aquí la paradoja es que el sufrimiento se debe a la identificación con los acontecimientos negativos dolorosos y no a una realidad existente.

El sufrimiento hace estragos porque las personas desconocen casi en su totalidad cómo funcionan psicológicamente tanto por dentro como por fuera y porque no están vibrando en concordancia con todo lo que les rodea.

Siempre he dicho y lo repetiré hasta el cansancio: tú tienes el poder de cambiar todas las cosas negativas a tu alrededor por circunstancias y hechos positivos para beneficiarte con ellos. Sólo falta que desarrolles tu potencial interior y tu vida cambiará radicalmente.

Capítulo Doce

CONFÍA EN TI MISMO

Hablando acerca de la verdad, esta es muy relativa. La famosa verdad es única y exclusivamente lo que a uno le consta. Es «lo que uno sabe» en realidad; y lo que no se sabe, pues no es una verdad, así de simple.

Tu cerebro puede estar rebosante de conocimientos teóricos que un día creíste que eran verdad. Pero, qué tal si no; ¿ya los experimentaste? Porque si ese "cúmulo" de conocimientos adquiridos no lo has vivido en carne propia, no son tu verdad.

¿Por qué? Porque no te constan; y se convertirían en meros supuestos, y nunca serían verdades reales. ¿Está claro?

Quizá ni siquiera sean verdades de la persona que te "enseñó" ese mar de "conocimientos". Y de ahí se desprende que existan por el mundo muchos engañadores engañados, porque simplemente no les consta lo que dicen y tampoco le consta a los que se lo dijeron.

Mucho de lo que hay en tu bagaje intelectual puede no ser más que memoria o conocimiento adquirido. Y es que la verdad es únicamente de aquel que le consta lo que dice, porque para él es un hecho y no una simple conjetura, una idea, o un "dice que se dice".

Toma en cuenta que tu conciencia es exactamente del tamaño de tu verdad. ¿Entonces qué, bajo esa premisa, te consta todo lo que dices que sabes? ¿O eres alguien que sólo repite lo que otro más le vino a contar sin que siquiera le conste a ninguno de los dos? Así que, hablando de tu supuesta verdad, ¿es relativa, o absoluta? ¿Cierto o falso? ¿Qué dices al respecto?

Más allá del ámbito de los hechos simples y verificables, la certeza de que alguien diga: "yo tengo la razón y los demás están equivocados", es muy peligroso en las relaciones entre los individuos como entre las naciones, ya que a partir de ahí comienzan los problemas de entendimiento y esa es una de las tantas formas como empiezan los conflictos o las guerras.

Resulta que esa idea, la de que "yo tengo la razón y los demás están equivocados", es uno de los medios de los que se vale una persona para fortalecer su estatus para con los demás. De ahí que algunos se sientan superiores ante sus semejantes y los devalúen o menosprecien.

Ahora, considerar que se tiene la razón, y atribuir a otros el error, no es más que una disfunción mental que perpetúa la separación y el conflicto entre humanos. Y millones de personas alrededor del mundo piensan que los asiste la razón porque creen que lo que "saben" es una verdad, aunque no les conste que así sea. O sea que son tan tontos, que ni siquiera saben que no saben los pobres ignorantes.

El problema es que durante siglos se pensó que estaba bien torturar y quemar vivas a las personas cuyas opiniones se apartaran, aunque fuera ligeramente, de la doctrina de la religión que predominaba en el momento o de las interpretaciones miopes de las escrituras, porque según eso las víctimas estaban en el error y por consiguiente tenían que perecer.

En la edad media quien creía poseer la supuesta verdad adquiría privilegios sobre la vida de los demás. ¿Que cuál era esa "verdad"? Una historia en la que había que creer. Es decir, un paquete de ideas caducas y degeneradas usadas para beneficiar a unos cuantos y para perjudicar a muchísimos más. Y surtió efecto por mucho tiempo. ¿Lo has leído en los libros de historia? Era la época de oscurantismo e ignorancia.

Y es que no se puede encontrar la verdad absoluta donde no está. Ni en las doctrinas, las ideologías, las normas o los relatos. ¿Y qué tienen todos ellos en común? Pues que están hechos de paquetes de ideas retorcidas así como de pensamientos caducos y degenerados. Ahora bien, en el mejor de los casos, una idea o un pensamiento apenas puede señalar una parte de la verdad, pero nunca es la verdad total. ¿Quién dijo?

Si crees solamente que tu creencia religiosa es la verdadera, la estarías usando a favor de tu ego personal; y utilizada de esa manera, la religión se convierte en una ideología. Crea un sentido ilusorio de superioridad y siembra la división y la discordia entre la gente.

Cuando una verdadera enseñanza religiosa está al servicio de la Verdad, representa una señal o se convierte en un mapa que muestra el camino dejado por los seres iluminados para ayudar a despertar de forma integral... es decir, para liberarse de la identificación con la forma física humana y psicológica e integrarse de manera muy suave y gentil con todos los demás.

Solamente hay una Verdad absoluta de la cual emanan todas las demás verdades... y el día que halles esa Verdad, tus actos ocurrirán en armonía con ella.

Los actos humanos pueden reflejar la Verdad o la ilusión. Y ahora salta la siguiente pregunta: ¿Puede la Verdad ponerse en palabras? Sí, pero las palabras no son la Verdad. Sólo apuntan a ella.

El Ser que somos cada uno de nosotros ese sí que es la mera Verdad. El espíritu, la conciencia, la esencia, o el alma de los humanos, y que habita al interior del cuerpo físico, ese sí que conoce y "es" la verdad.

Cuando entres en contacto directo con tu esencia interior, todos tus actos y relaciones reflejarán la unicidad con toda la vida porque intuirás la verdad desde el fondo mismo de tu ser.

Ese es el verdadero amor incondicional. Las leyes, los mandamientos, las reglas y las normas son necesarias para quienes están separados de su esencia... de la Verdad que mora en cada uno de ellos.

Así que por favor confía en ti mismo, confía en tu esencia interior, confía en tu hermoso corazón. Sigue tu destino adonde sea que te lleve.

Hay un momento en la vida en que comprendes que ha llegado el tiempo de cambiar; ya que si no lo haces, nada jamás podrá cambiar por sí solo.

Comprende que si al fracasar no tienes el coraje de comenzar de nuevo, la vida seguirá sin ti, no detendrá su marcha nada más por una caída tuya, tenlo por seguro. Así que, ¡levántate y anda! La dicha no nos acompaña siempre, y nuestra vida a veces se torna muy diferente de lo que imaginamos.

No siempre nuestros días nos brindan aquello que con tanta ansia deseamos y buscamos, y hasta se torna difícil entender por qué en un momento dado los caminos toman rumbos diferentes que ni en sueños el resultado obtenido se hubiera vislumbrado.

Y si no te animas a escoger un camino, o a realizar un sueño largamente acariciado, estás en gran peligro de vagar sin rumbo y de perderte. Cuando te veas en medio de esa encrucijada, en vez de cuestionarte por qué tu vida se ha tornado como es ahora, mejor acepta con gusto el nuevo camino que te espera.

Olvídate de lo que fue, no te confundas, eso ya pasó. Sólo el presente vivimos hoy. No pierdas la fe y la confianza en ti mismo, y transita por la vida con tu frente en alto. No temas soñar ni mirar las estrellas. Con un poco más de paciencia tu vigor volverá y encontrarás la guía certera. Sigue tus corazonadas...

Una senda más bella y serena de lo que has soñado te llevará a donde quieras que te lleve cumpliendo tus deseos. No desconfíes de tus fuerzas y toma esa nueva vía, verás que está llena de alegría, de aventuras y deleites como nunca imaginaste.

Cree en ti, eso te dará fortaleza para lo que la vida te depare. Vive cada día en total plenitud. Recuerda: para todas tus preguntas, allí, en tu fuero interno, a la vera del camino, habrá respuestas más claras y soluciones aceptables.

111

Ten paciencia y confianza para alcanzar tus metas, solucionar problemas y realizar tus más caros anhelos de éxito, prosperidad, abundancia y riqueza. Y aunque por momentos parezca que ya no puedes seguir adelante, reconoce tu fortaleza y sabrás sobrellevar todo lo que la vida te señale.

Sólo confía en ti mismo, porque tú eres tu propia verdad; tú eres lo que te consta que eres porque día a día te redescubres más y más. Tú eres la esencia, el ser, la conciencia pura y nadie más.

Capítulo Trece

EL ARTE DE LA COMUNICACIÓN

¿Te gustaría acabar con muchos conflictos a tu alrededor? Entonces ¡aprende a comunicarte!

Es muy sencillo desarrollar el bello arte de comunicarse. Se dice que en la comunicación, está la educación. Eso quiere decir que: comunicación y educación, son exactamente lo mismo... ¿Puedes creerlo?

Déjame te explico: resulta que cuando se adquiere educación, de inmediato se da uno cuenta que todos somos iguales. Porque es verdad que nadie es más ni menos que los demás. Nadie está separado y todos formamos parte del conglomerado universal.

Los actos de separación son los que causan problemas entre los semejantes. Así que, lo mejor que te puede pasar es que aprendas nuevas formas de comunicación, ya que eso hará resaltar tus similitudes con los demás en vez de estar viendo las diferencias.

La comunicación vibratoria a través de los ojos es una maravillosa herramienta que debes empezar a utilizar. Empieza a hacer contacto con los demás por medio de la mirada. Cuando entras en contacto con alguien a través de tu bondadosa mirada, se da un hermoso intercambio de conocimientos desde tu alma con el alma de la otra persona. Así que, ojo, mucho ojo y empieza a mirar a las personas a la cara.

Las almas buenas atraen a las almas afines a ellas mismas. Del mismo modo las mentes, ya sea positivas o negativas, atraerán a las mentes que tengan las mismas características, y eso conlleva a una majestuosa danza energética de ida y vuelta. Ah pues, así es como todo funciona en realidad cuando hay armonía.

Y si de imantación hablamos, también es correcto decir que los pensamientos atraen a su similar; y que la materia es pensamiento coagulado, esto es: pensamiento convertido en circunstancias.

Cuando sepas utilizar a fondo el maravilloso don de la comunicación, y si es que lo deseas con vehemencia, terminarás atrayendo a tu entorno circundante una exquisita salud y prosperidad, tendrás éxito en todo lo que emprendas, y experimentarás la abundancia y la riqueza en todos los aspectos de tu vida.

Por ningún motivo te permitas vivir más tiempo en la insatisfacción, ya que de seguir vibrando en esa terrible situación, lo único que lograrás es alimentar las condiciones adversas en tu vida y crecerán estas como un monstruo que te tragará sin reparo un mal día.

En el momento mismo que decidas cambiar tu actitud transformarás las circunstancias negativas del pasado y generarás mejores oportunidades para crearte de nuevo y con mayor brío. Toma en cuenta que nada está perdido, puesto que siempre podrás volver a empezar desde cero y llegar hasta donde te lo propongas.

Para que crezcas verdaderamente en el área de la comunicación, debes poner una rigurosa atención en la clase de música que escuchas. Algunas buenas melodías alimentan el área de la emoción porque su vibración llega directamente al corazón.

La energía de la música te ayudará a cambiar estructuras no sólo por dentro sino también por fuera. Aprovecha entonces la excelente oportunidad de alimentar a tu ser interior.

Resulta que la música es una forma de comunicación de muy alta calidad. En tu cerebro hay una sección especial que se dedica a interpretar y recordar las vibraciones en forma de música. Los principios que gobiernan la música representan la forma normal con la que funcionan todas las cosas en el universo.

La comunicación se da también por medio de imágenes holográficas, y cada una de estas es capaz de trasmitir el significado de mil palabras en una sola secuencia. La intensidad de la comunicación depende de la emoción y nitidez con que produzcas dicha imagen.

El detalle en que debo hacer énfasis es que muchas personas tienen problemas al querer "interpretar" la información que reciben de parte de terceros. ¿Acaso será el lenguaje la dificultad? ¿O será que todos tienen información previa en su bagaje intelectual y eso hace que se dispare un absurdo proceso mental que filtra todas las palabras que escucha? ¡Desde luego que sí!

Verás, en toda comunicación, el Ser procesa un flujo de energía, el cual pasa a través del cerebro... Por medio de un complicado mecanismo el cerebro origina un pensamiento, que es traducido enseguida a palabras; luego la boca las emite y se convierten nuevamente en imágenes o pensamientos cuando la mente de nuestro interlocutor capta con sus oídos los sonidos guturales.

El único problema es que todos interpretarán de manera distinta lo que oyeron. Ahora, para que un día el humano pueda generar una comunicación por medio de transmisión de imágenes, tendrá que esperar a que su cerebro esté debidamente preparado para tal efecto. A través de la "telepatía" nadie se equivocaría...

Pero, ¿cómo se podría desarrollar la telepatía? Elevando primeramente la frecuencia del cuerpo físico; y una vez que se sube la vibración del cuerpo, el cerebro se traslada a una frecuencia más alta y la energía y voluntad fluyen con mayor intensidad tanto por dentro como por fuera y tendríamos el problema resuelto.

Ahora, debes entender que la vida expresa los pensamientos de las personas en una realidad física. Expresar es hacer, es declarar, articular, comunicar y transmitir. Te repito lo que dije antes: La "fuerza" de la vida da a "conocer" tus pensamientos a ti y a todos los demás formándoles experiencias y objetos que puedan ser "sentidos" en el mundo físico tridimensional.

Tú experimentas tus propios pensamientos de primera mano, de tal manera que puedes darte cuenta los que son adecuados y los que no. Esa es la forma en que te vas conociendo a ti mismo. Así es como te experimentas a ti mismo y es así como creces en conciencia. Como consecuencia, se supone que evolucionarás en tu largo camino que te queda por recorrer.

El universo no selecciona qué pensamientos expresar y cuáles no expresar. Los expresa todos, en la medida que los tienes y crees en ellos, porque los cargas de energía y eso les da vida. Para ello cuentas con el preciado regalo universal llamado libre albedrío.

El famoso libre albedrío es verdaderamente libre debido al hecho de que, en el vasto universo, todo es ejecutado sin filtros ni favoritismos. El libre albedrío es verdadero por el hecho de que, en la realidad, consigue resultados todo el tiempo, no algunas veces, y lo hace en forma exacta, como las matemáticas.

En la medida en que tus pensamientos no sean conscientes, deliberados y concentrados sobre cualquier tema de la vida, serás afectado por el desenlace de los pensamientos de otras personas, y viceversa.

Tus pensamientos son afectados por los de los demás. Y los pensamientos de los demás son afectados por los tuyos también, porque todos los pensamientos se mezclan entre sí sin importar de quienes vengan.

La combinación de: intención, creencia y desapego, te permite moverte por la vida, sabiendo que el universo siempre satisface tus intenciones, pero lo hace de la manera más apropiada usando una secuencia y una inteligencia que va más allá de tu comprensión.

Cuando enfrentes un desafío o un problema en tu vida, podrás relajarte, porque sabrás que eso es parte del desenlace que propusiste y que en cualquier momento se va a solucionar. Incluso antes de que apareciera el problema o desafío ya estaba previamente solucionado. Simplemente aparece para ponerte a un paso más cerca del desenlace que propusiste.

Con ese enfoque encontrarás que tu vida funciona automáticamente basada en los deseos e intenciones que tú apoyes con tu creencia. La "creencia" es la cantidad de energía del pensamiento que pongas en un proyecto cualquiera de forma deliberada.

Ten intenciones, pero no preferencias o adicciones. Elige los desenlaces futuros por medio de tus intenciones y deseos pero acepta todos los momentos presentes. Ellos representan el desenlace perfecto de tus pasados pensamientos, estados y acciones.

Háblate a ti mismo. Formúlate preguntas esperando siempre las respuestas. Pregúntate y muy pronto empezarás a obtener respuestas que vendrán desde el fondo mismo de tu ser. Al principio vendrán como meras ideas o sentimientos, no como palabras, pero entenderás lo que significan y captarás lo esencial o el patrón de la totalidad de ellas. Sólo confía...

Y a eso, precisamente, yo le llamo una verdadera comunicación interna. Recuerda que tú eres la comunicación; y la comunicación es una herramienta vital para crecer en la vida.

Capítulo Catorce

¿CUÁL ES TU META EN LA VIDA?

Es muy probable que a estas alturas de tu vida entiendas lo importante que es que te establezcas metas a seguir. Supongo que eres lo suficientemente capaz de trazar los caminos de tu propio destino y la lucha incesante que debes emprender hasta conseguir los resultados más óptimos que desees tener.

Así que, si quieres alcanzar la prosperidad, la abundancia y el éxito, vas a tener que ponerte metas en la vida. No hay de otra. Entiende que las metas, en otras palabras, son las profecías de aquello en lo que irremediablemente te convertirás un día. ¿Me sigues?

Si no sabes hacia qué rumbo vas, terminarás exactamente allí mismo: en ningún lado. Podrías quedarte en el limbo, en el abandono total, y eso no te conviene pero para nada porque sería una gran pérdida de tiempo. Si estás perdido y no cuentas con

121

una buena brújula o un aparato GPS (sistema de posicionamiento global) que te oriente correctamente, no tendrás oportunidad de saber ni para dónde avanzar.

Lo que te quiero decir es que si no tienes metas bien definidas, no esperes de ninguna manera resultados específicos. Contar con metas en tu vida es tanto como tener en tus manos un mapa explícito el cual te guiará por el camino para cumplir con todos tus anhelos, ¿entiendes? Un explorador sin un mapa que lo vaya guiando se podría perder hasta en la primera bifurcación de su largo camino. ¿Eso quieres?

De ahí que es bien importante te traces metas concretas si en verdad las quieres conseguir. Una meta es un verdadero plan maestro de vida para ejecutarse en cualquier momento.

Jamás olvides o menosprecies lo que te digo porque son palabras que tienen mucho valor y mucho peso específico. Tienes que tener metas en tu vida... tienes que tener metas en tu vida. Por favor, por favor, por favor. Es por tu bien y por el bien de los que te rodean.

Trázate metas. Define tu futuro. Organízate y toma las riendas de tu vida. Endereza el camino. No vivas a la deriva. No seas como los barcos que andan al garete. No vivas a la buena de Dios. Está bien que pongas tu destino en las manos de Dios... pero recuerda que hay un dicho que dice: "A Dios rogando, y con el mazo dando". Eso quiere decir que tienes que ser lo suficientemente propositivo, inteligente y capaz para que las cosas las obtengas realmente.

El universo en su totalidad apoyará todos tus sueños, de eso que no te quepa la menor duda. La única condición que el universo te solicita es que creas en tus propios sueños y actúes en consecuencia. Si tú creas una visión, terminarás alcanzándola en la medida en que creas que así será. Creer es crear.

Aprende a visualizar el resultado. Visualiza la meta ya cumplida. Visualiza tanto el principio como el final de tu hermoso sueño. El universo siempre colaborará para que todos tus deseos se cumplan; por eso, sueña en grande.

El universo siempre estará a tu favor; aprovecha esas circunstancias. Sueña en grande. Sueña despierto... sueña conscientemente. Visualiza; crea; genera tu futuro con tu prodigiosa mente.

¡Sueña en grande! ¡Sueña en grande! Date cuenta que utilizas la misma cantidad de energía cuando piensas en algo chiquito que cuando piensas en algo grandote.

No malgastes tu energía creativa en pensamientos pequeños porque los resultados serán directamente proporcionales a tus pensamientos. ¿Te gustan las cosas diminutas o te gustan las cosas grandes?

Te sugiero que siempre pienses a lo grande. ¡Piensa en grande! Nada te cuesta pensar a lo grande.

Deja de ser tan perezoso hasta para pensar. No escatimes ni pierdas más tu tiempo pensando en migajas.

Las zurrapas déjaselas a otros que se conforman nada más con eso. Tú no naciste para vibrar en un mundo limitado y carente. Naciste para ser abundante, triunfador y exitoso en la vida.

Si te descuidas tantito, el conformismo puede ser tu peor enemigo. Si haces lo que hace la multitud, recibirás lo que la multitud obtiene. ¿Y qué consigue la muchedumbre? ¡Muy poco o casi nada!

Para conquistar algo mejor de lo que la multitud obtiene, tienes que hacer las cosas de forma diferente. Esto es, deberás tener metas específicas, razones poderosas y visiones supremas, esa es la fórmula precisa para que obtengas lo que realmente quieres.

Lo bueno es que hasta con el simple hecho de estar leyendo este libro ya comenzaste a hacer algo diferente; tenlo por seguro; y con eso, precisamente, ya estás provocando tu riqueza tanto interior como exterior.

Si practicas las lecciones que te entrego en estas páginas, un buen día completarás los requerimientos que se necesitan para obtener tanto el éxito como la riqueza fabulosa que tanto has soñado.

Para que seas rico y financieramente independiente no tienes un límite de tiempo vivido ni por vivir.

Para nada representa un impedimento tu edad actual; así que no te preocupes, eso ni lo tomes en cuenta. Para que puedas alcanzar tu riqueza dependerá solamente qué tan pronto, tan fuerte y tan preciso empieces a ponerte metas, a tener una clara visión y a construir tu propia conciencia de la riqueza. ¡Wow!, lindas palabras, ¿no te parece?

La clave para alcanzar la riqueza no es que trabajes muy duro. Hay mucha gente por el mundo que se ha vuelto inmensamente rica sin tener que trabajar arduamente, ¿lo sabías?

La clave es que entiendas a la conciencia de la riqueza como un Todo; y el mapa para que te mantenga bien ubicado y en tu centro es que te pongas metas de una forma correcta. La meta es el mapa. El mapa es la meta. Parece un juego de palabras pero no lo es. Es una gran verdad. Una cosa lleva a la otra y viceversa.

La conciencia de la riqueza y todas sus actividades deben ser tu nuevo estilo de vida, no algo que tengas que hacer sólo ocasionalmente. Tus pensamientos y tus metas siempre deberán estar en la versión más grande de ti mismo, no en la versión pasada ya caduca y demasiado pequeña que tenías de ti mismo. Aquí cabe recordarte que Eres lo que Piensas. Lo que pienses de ti, ¡en eso te conviertes!

Si fallas en el arte de planificar, indefectiblemente estás planificando fallar. Eso es terrible. O sea que para donde te hagas es un arma de doble filo. Te encuentras entre la espada y la pared sin escapatoria alguna.

Si no planeas tu vida correctamente, estás planeado sufrir inconscientemente toda clase de descalabros en un futuro próximo.

Y entre esa serie de problemas que inconscientemente te llegarán, vendrán los de tipo financiero y muchos más. Por eso mejor planifica, ya te lo dije... establece las metas, visualízalas y cúmplelas.

No vayas a caer en una tribulación nuevamente. Si ya sabes cómo salir del infierno donde estabas, no has de ser tan masoquista para seguir ahí más tiempo. ¿O sí? Mejor crea tu propio cielo en la Tierra. Tú puedes.

Si visualizas en forma correcta tus metas, estas cristalizarán un buen día. Domina esa habilidad. Esa manera tan refinada de ser está latente en ti. Cree en eso. Mantén tus metas siempre más allá de tu zona de confort, ¿sale?

Si alcanzas tus metas pequeñas y luego fallas en crear metas mayores, dejarás de crecer y por supuesto que para nada te conviene un estancamiento físico, mental o emocional.

No necesitas saber cómo es que vas a alcanzar tus metas. Sólo haz tu parte, fluye y lo lograrás. No vivas ni por accidente ni por omisión. Vive por diseño.

Diseña tu vida utilizando metas, con aguda visualización e imaginación y planifica siempre todo en forma consistente, cotidiana, perpetua, eterna, claramente, con precisión y a detalle. Tú has sido, eres y serás siempre un gran artista del diseño.

Eres un gran genio que sabe, puede y debe hacer una reingeniería con su propia existencia. Sólo aplícalo en tu propia vida. Tienes que creer que eso eres. No te menosprecies. La divinidad que mora en ti es esa gran genialidad a la que me refiero... tu alma.

No pisotees tu esencia divina e inmortal interior con tu ignorancia humana limitada y mortal exterior.

Redescubre y pon en práctica todas las habilidades que estaban dormidas en ti pero que siempre las has tenido a punto de estallar... a flor de piel. Saca tu poder. Utiliza todo tu potencial para salir adelante; anda, hazlo ya.

Vivir una vida elevada no es suficiente con ponerte metas simples. Las metas también deben ser establecidas de una cierta forma, una forma que sea lo más amigable posible con las leyes del magno universo.

Aquí quiero compartir algunos pasos que debes seguir para para ponerte metas de la forma más correcta posible:

Escribe una lista de lo que te gustaría tener, hacer y ser desde ahora y durante los próximos 10 años cuando menos.

Enlista todo lo que se te pueda ocurrir, sea pequeño o sea grande. Lugares para visitar, cosas para tener, experiencias, compañeros, habilidades o destrezas a ser adquiridas, cosas para hacer, gente para conocer, proyectos, obras de beneficencia, salud, hábitos, ¡todo!

Cuida que no sea una simple lista de lo que piensas que puedes lograr. Deberá ser una lista de lo que te dé una vida diferente porque todo lo que esté en esa mágica lista lo lograrás día a día de forma matemática.

¿Quién dice que no conquistarás tus sueños? Las razones que tengas para lograr resultados con tu lista le darán poder a tus metas y te serán más fáciles de alcanzar.

Cuanto más real y detallada sea tu visualización e imaginación, tanto más rápido y con más precisión lograrás tus metas. Las imágenes son muy importantes para tener lo que deseas en la vida.

La combinación exacta de un pensamiento, con una emoción, crea una nueva realidad o transforma la ya existente. Esa es la fórmula precisa para crear las nuevas circunstancias en tu vida.

Haz todo lo que esté a tu alcance para que te acerques a tus metas. Siempre hay algo para hacer ahora mismo, aunque sea así de pequeñito. Con esa actitud te abrirás paso para ir del pensamiento a la acción.

Cada acto que realices deberá ser un acto de auto definición y de creación. Actúa deliberadamente y a conciencia de tal manera que cada acto te acerque más y más a los fines deseados. Siempre actúa con un propósito bien definido para que no te frustres a futuro.

Piensa, habla y actúa con gratitud. La gratitud de saber que tienes el éxito garantizado porque estás actuando apegado a las leyes universales. La gratitud es una declaración de certeza. Sé genuinamente agradecido y que te entusiasme sobremanera el hecho de que a cada momento estás logrado cada una de tus metas.

Disfruta experimentar tus logros cuando se manifiesten en tu realidad cotidiana. Las metas te ponen en el camino correcto hacia donde quieres llegar...

Las metas concentran tus pensamientos, le dan el formato correcto para que el universo actúe y también mantienen todas tus imágenes en forma consistente.

Tus metas deben ser pensamientos planificados; pensamientos bien dirigidos. Sin un pensamiento planeado y bien dirigido, tu vida será no-planeada y sin dirección apareciendo como azarosa y nada confiable. El problema que esos sentimientos te podrían llevar a la frustración. Evítate la pena de recorrer ese camino espinoso de desaliento y de confusión.

Simplemente tienes que saber hacia dónde vas y las respuestas de cómo llegar te vendrán con el tiempo. No te preocupes por el tiempo. El factor tiempo es relativo, no es absoluto. Tú simplemente cree que llegarás en cualquier momento a ver todas tus metas realizadas; sólo ten un poco de paciencia.

Tus ideas, visiones y sueños, cualesquiera que estos sean, son el pronóstico de lo que un día alcanzarás y en lo que a final de cuentas te convertirás. Empieza a rediseñar tu vida hoy. No esperes a comenzar mañana. Empieza hoy. Hoy, hoy, hoy.

La mejor fecha para empezar a diseñar tus metas es ahora mismo. Incluso si estás poniendo una meta que te gustaría que se cumpliera de aquí a 10 años, decláral y piénsala en el tiempo presente, ni modo que quieras esperar esos diez años para planificarla.

Eso sería un absurdo de tu parte. La espera impide el logro de tus metas.

Define tus metas y visiones en forma exacta. Si no apuntas a nada, quédate tranquilo porque con seguridad no obtendrás nada específico.

Talento, inteligencia y trabajo duro sin metas exactas te conducirán al desaliento y a la frustración. Y es que tienes que tomar mucho en cuenta que a los pensamientos les toma cierto tiempo para manifestarse en la realidad física, no lo olvides.

Deberías saber hacia dónde quieres ir si deseas asegurarte que vas a llegar; de lo contrario no vas a llegar nunca a ninguna parte. Las metas son imágenes producidas por tu prodigiosa mente, y esa es la sustancia o materia prima que el universo usa para crear.

Por lo que mientras más metas tengas, más material le das al universo para trabajar. Las metas tienen la tendencia a volverse realidad en los momentos y secuencias menos esperados.

Cuantas más metas tengas en la vida, tanto mejor para ti. Una persona con una meta logrará menos que una con cien metas. Una persona con cien metas logrará menos que una con mil y así sucesivamente.

Eso quiere decir que mientras menos metas tengas, menos resultados tendrás; y cuanto más metas te pongas, más resultados obtendrás. Jejejeje, hasta un niño entendería eso... suena obvio. Tiene su lógica; ¿no te parece?

Cuanto más tengas tus metas presentes o vibrando en tu conciencia, más te vas a encontrar con circunstancias, coincidencias o "diosidencias" en tu vida que harán que se conviertan más pronto que tarde en una realidad. ¿Casualidades o causalidades?

Recuerda: la riqueza es abundancia expresada, manifestada, que se traduce o coagula de lo etérico (energético) hasta densificar o cristalizar en lo material o físico. Todo lo que hay a tu alrededor, visible o invisible, es abundancia pura.

Esa es tu naturaleza verdadera y también es la naturaleza de la Vida: ser abundancia. Y esa abundancia es toda tuya.

Disfruta la abundancia, gózala, acéptala, es parte de ti. Enamórate de ella. Ten una relación amorosa y sentimental con la abundancia... hazla tu amante. Quiérela. No la rechaces porque se alejará de ti. No le des la espalda. Ámala con locura.

Búscala, ofrécele disculpas. Pide perdón a la abundancia. Abrázala como si fuera la mejor de tus amigas. Ten un romance con ella. Convéncete o hazte creer que tú y la abundancia hacen una bonita pareja. Tú di que la abundancia es tu novia y siéntete orgulloso de ella. ¿Entiendes lo que te digo?

Las herramientas te han sido ya entregadas. Recuerda que tú eres quien ejecuta siempre tu propio plan maestro de vida. ¿Lo vas a hacer, o lo vas a hacer? ¿Sí, o sí? Estás obligado a ello, no tienes otra opción. ¡Suerte con tu plan de vida!

Capítulo Quince

EL ESTREPITOSO ÉXITO

Cuando decidas cambiar la antigua manera en que venías haciendo las cosas, en ese mismo momento empezará a transformarse tu vida y experimentarás un exquisito equilibrio. Eso te dará un gozo interno que dibujará siempre una agradable sonrisa en tu cara y de paso te hará sentir más liviano y feliz.

Espero que todo lo que te he compartido hasta ahora no quede en mera palabrería insustancial y vana. Ahora te toca ir a la experiencia vivida. Te toca pasar de la teoría a los hechos.

Si te preguntaran que cuándo tienes que empezar con el cambio, la respuesta es: ¡Ahora mismo! No esperes más. No desperdicies tu valioso tiempo. Si tú gastas tu preciado tiempo en cosas no productivas, en el futuro te lo vas a reprochar. Así que, pon en práctica todas las lecciones que hasta ahora has recibido para que seas alguien en la vida y no un simple parásito.

Estando ya en paz contigo mismo te quedará tiempo libre y te entregarás a desarrollar tu creatividad y tus talentos y explorarás tu entorno una vez rotos los patrones o esquemas degenerados y caducos que drenaban tu energía sin que te dieras cuenta.

Tienes que hacer conocido lo desconocido. Tienes que atreverte a hacer cosas nuevas. No tengas miedo a lo nuevo. Te adelanto que lo que tienes por delante, y que vas a descubrir pronto, te será sumamente liberador.

Delante de ti hay tesoros que estás a punto de descubrir. El resplandor de estos te guiará por la senda correcta hasta toparte con ellos. Vive en paz y en armonía. Ámate a ti mismo y ama a los demás y el cielo en la Tierra será todo tuyo. Vivir en paz sólo puede traerte más paz y riquezas más allá de tu imaginación.

La paz es la respuesta a todos los males de la sociedad. El amor es la respuesta a todos los problemas que hay en tu familia y en tus relaciones. La paz es la respuesta a tus aflicciones económicas, a tu pena y tu dolor.

Cuando reconozcas la magia y la belleza de la naturaleza en todos sus aspectos, ya no la podrás aborrecer ni destruir, sólo le amarás y entenderás que ella y tú son Uno; por lo que cualquier cosa que pretendas romper o echar abajo fuera de ti, lo estarás destruyendo dentro de ti. Entiende eso por favor.

Sin importar lo que ocurra en el mundo mantente calmado y centrado dentro de tu alma y siente la paz. Sólo a través de los sentimientos es que puede emerger la paz. Sosteniendo esa paz toca cada alma con la que entres en contacto; así diseminarás la armonía y alcanzarás el éxito al contrarrestar la maldad y la ignorancia que campean en el planeta.

¿Y Tú qué crees que pudiera ser el éxito en estos días? Porque yo creo que el éxito tiene mucho que ver con si usas tu cabeza tanto como tu corazón para concretar tus metas en la vida.

Ser exitoso también tiene que ver con si eres egoísta o generoso. Ser exitoso es si amas a la naturaleza y a los niños y si te preocupas lo suficiente por ayudar a los venerables ancianos.

El éxito se refiere a cuánta gente apoyas, a cuánta evitas dañar y si guardas o no rencor en tu corazoncito bello. Se trata de que en tus triunfos estén incluidos tus sueños más sublimes y de si tus logros no hieren a tus semejantes.

El éxito es acerca de tu inclusión con otros y no del control que quieres ejercer sobre ellos.

El éxito nos habla acerca de tu bondad, de tu deseo de servir, de tu capacidad de escuchar y de tu valor sobre la conducta.

No es acerca de cuántos te siguen, sino de cuántos realmente te aman. No es acerca de transmitir, sino cuántos te creen; de si eres feliz o sólo finges estarlo.

Hablar del éxito es hablar del equilibrio de la justicia que conduce al bien tener y al bien estar en todos sus aspectos.

Se trata de si tienes tu conciencia tranquila, de tu dignidad invicta y de tu deseo de ser más y mejor por siempre. ¡Ese sí que es el éxito!

Cuando encuentres la pasión del viaje en el que te has embarcado en la vida no necesitarás que nadie más te dé órdenes.

Sólo necesitarás la pasión que tienes para realizar tus propias metas. Cuando tomes conciencia que no necesitas a nadie más para apoyarte salvo tu propia luz interna o pasión, comenzarás a entender que todo lo puedes lograr fácilmente.

Debes tener claro que el éxito no es un mero golpe de suerte. El éxito sólo lo lograrás gracias a las decisiones correctas que vayas tomando cada día de tu vida. Tu éxito será la suma de los aciertos que tengas día a día.

Una buena decisión es un factor determinante para conquistar pronto y bien la victoria. Las decisiones son el combustible o la energía que necesitas para poder llegar a cumplir todas tus metas.

Cada día debes buscar la emoción de lo que puede ocurrir en el campo de las posibilidades. Si de repente te sientes un poco inseguro, no te preocupes por eso, estás en el camino correcto, tú sigue avanzando, no te des por vencido. Es normal que eso suceda, porque forma parte del entrenamiento que estás recibiendo de la vida.

Pero entiende que cuando te apegas demasiado a algo, congelas tu propio deseo, lo alejas de la fluidez y la flexibilidad infinitas y lo encierras dentro de un rígido marco que obstaculiza el proceso total de su creación.

La lección que debes aprender en este momento es que tienes que desapegarte de ideas absurdas que te lastimen y debiliten. Recuerda el dicho que dice: "Dime qué piensas y te diré quién eres". Aplica eso en tu vida.

La ley del desapego acelera el proceso total de la evolución. Cuando entiendas esa ley ya no te sentirás obligado a forzar la solución de ningún problema en lo absoluto, porque si te empeñas en forzar la solución, con esa actitud sólo empeorarás la circunstancia misma y terminarás creando un problema nuevo.

El universo te dará lo que estés pensando, sea bueno o sea malo. Al universo no le importa si te va a beneficiar o te va a destruir la existencia. El universo no se piensa un instante para entregarte lo que pides.

El universo está diseñado como una máquina perfecta que cumple todos tus deseos. Pero si también le temes a algo, el universo lo tomará como un deseo y te lo dará a manos llenas.

Tienes que saber con exactitud lo que piensas y deseas porque el universo es como el genio de la lámpara maravillosa que cumple lo que deseas pero este no involucra sus sentimientos ni se pregunta para qué lo quieres, simplemente te lo da.

¿Para ti qué es la oportunidad? Porque para mí es lo que está contenido en cada problema de la vida. Cada problema que se te presenta en la vida es la semilla de una oportunidad para obtener algún beneficio.

Una vez tengas esa percepción que te digo, te abrirás a toda una gama de posibilidades, lo cual mantendrá vivos el misterio, el asombro, la emoción y la aventura.

El universo también te dota de un buen número de problemas porque inconscientemente tú las solicitas para tu crecimiento, ¿lo sabías?

Tienes que ver cada problema de la vida como la oportunidad de un beneficio tocando a la puerta para tu propia madurez y consigas de esa manera la sabiduría o experiencia necesarias para triunfar en la vida.

Cuando te afiances en la sabiduría de la incertidumbre podrás permanecer alerta a las oportunidades. Y cuando tu estado de preparación se tope de frente con la oportunidad, la solución a determinado problema aparecerá por cualquier lado y de manera espontánea.

Lo que resulta de todo eso que te narré anteriormente se le llama: éxito. Otros le dicen buena suerte. El nombre es lo de menos; tú eliges cómo decirle. El éxito o la buena suerte no es otra cosa que la unión del estado de preparación con la oportunidad vigente. Cuando los dos se mezclan, siempre surgirá un resultado diferente.

Si tú estás vigilante y atento al caos que surge de la mezcla del estado de preparación y la oportunidad vigente, de inmediato tendrás que dar una solución, la cual traerá beneficio y evolución para ti y para todos los que te rodean.

Esa es la receta perfecta para que obtengas el éxito y tengas buena suerte. Siempre observa todo a tu alrededor y toma la mejor decisión a cada problema que se te presente.

Si tienes pasión real por lo que deseas y es un anhelo ferviente que viene de tu corazón, con eso llegarás directo a tus metas. Que nada te haga desfallecer en el camino. Que nada para ti sea un obstáculo y todo velo como un mero aprendizaje. Que todas las experiencias en tu vida te hagan redefinir tu camino y que siempre vuelvas a empezar con renovados bríos.

La fe te sirve para que anticipes tu futuro. A través de la fe puedes ver el futuro adentro y afuera de ti ahora mismo.

Fe es igual a sentirte feliz de antemano porque eso que deseas estás seguro que sucederá un día. Con el poder de tu fe podrás ver lo invisible. Con tu fe podrás pensar lo impensable... con tu fe creerás lo increíble.

Con tu fe lograrás hacer hasta lo imposible de lograr. La fe es el motor que mueve tu vida. Con tu fe concebirás lo inconcebible. Con tu fe crearás lo increado.

¿Qué más quieres saber? ¿Qué más quieres que te diga para que procedas a despertar tus poderes dormidos y desarrolles todo tu potencial? ¿Quieres que te me arrodille para ver si así empiezas a creer un poco más en ti? ¿Eso quieres?

¿Qué esperas que suceda en tu vida para despabilarte y despertar de ese sueño tan profundo en el que estás metido?

Sé que con tu fe podrás despertar si lo deseas. Si no despiertas es que estás muy cómodo donde te encuentras. De ser así, entonces no puedo ayudarte más. Tú te lo pierdes, porque yo no me voy detener sólo por ti. Ahí te ves...

A la excelencia difícilmente llegarás caminando a paso demasiado lento o sosegado. Los triunfadores son los que se apoderan de las oportunidades y les dan forma. Todo lo que pasa en la vida pasa para algo, no por algo. Entonces, de todo siempre podrás obtener algo bueno. Todo te aporta un conocimiento para que des tu siguiente paso con firmeza, todo...

Así que tú decides si te estancas tratando de justificarte o dándote explicaciones por qué te sucedió algo o si mejor lo tomas como un escalón más que te llevará hacia lo que deseas.

Es la actitud que tengas ante todo lo que se te presenta en la vida lo que te llenará de energía y te hará obtenerlo.

Desarrolla tus talentos para conectar y establecer relaciones con los demás. En la vida no lograrás el triunfo completamente solo porque las relaciones con los demás son básicas. Tienes amigos y cómplices que te ayudarán a lograr todas tus metas. Trata siempre de identificar esas personas que te aportan algo bueno y que realmente están dispuestas a ayudarte a lograr tus deseos.

El modo en que te comuniques con otros y contigo mismo determinará en última instancia la calidad de vida que lleves siempre. Lo que profesas es lo que atraes a tu vida.

Recuerda que nada es más cierto que lo que sale de tu boca, ya que es de lo que está llena tu alma y es lo que se manifiesta en tu entorno. Revisa lo que dices, pues tus palabras y tus pensamientos crean la nueva realidad o transforman la que ya existe desde antes en tu vida.

Lleva a la práctica todas las acciones concretas para que logres los resultados que te has planteado. Te aseguro que si pones en acción estos consejos, tanto en tu vida profesional como personal, familiar, etc., lograrás poco a poco y siempre de la mano de la constancia, todo lo que deseas.

Debes recordar que el éxito es progresivo, es siempre un esfuerzo permanente. Nada grande se logra de la noche a la mañana. Esto es algo que saben todos los gigantes del mundo que han conseguido el éxito y han amasado grandes riquezas.

Ningún éxito auténtico, ninguna fortuna honrada y ejemplar, nada en verdad grande puede ser producto desde una ambición enfermiza.

En relación a la riqueza, no hay ninguna condición que haya sido más tergiversada que el éxito y el fracaso. Mucha gente piensa que uno puede tener éxito o puede tener fracaso. ¿Será verdad o será mentira? Para mí el famoso fracaso es mera ilusión. Es una palabra que se inventó para asustarte, ya que lo único real que hay es el éxito. Esta es una verdad tan profunda que deberías hacer el máximo esfuerzo para entenderla.

Toda la vida es un éxito constante lleno de momentos sucesivos. El fracaso, cuando lo sepas utilizar sin miedo, cuando lo veas como un simple proceso de aprendizaje, con eso eliminarás la debilidad y construirás la fortaleza tanto en tus pensamientos como en tu carácter.

El fracaso es verdaderamente un momento de éxito; un momento de éxito por derecho propio. A través del fracaso es que aprendes cómo tener éxito. Jejeje, que paradoja del destino, ¿no? Es una ironía de la vida llegar a entender que sólo a través del fracaso es como sabrás con exactitud a qué te sabe el triunfo. ¿Estás confundido? Yo no, por eso déjame te explico:

¿Cómo y cuándo carajos pensabas deleitarte con el dulce néctar del triunfo si no habías bebido antes el amargo sabor del fracaso? Si no conoces el fracaso no tienes entonces un punto de comparación y nunca sabrás qué es el éxito.

¿Cómo sabrías de qué manera llegar al triunfo sin las herramientas diseñadas para tal efecto?

Entiende que los fracasos son las piedras que pavimentan el camino por donde transitas todos los días de tu vida. No veas el fracaso como un terrible obstáculo insalvable porque ni lo es. El fracaso existe sólo para darle un poco de sabor a tu vida, ¿lo sabías?

El fracaso es como la sal que sirve para darle sabor a un buen caldo. Si no existiera la sabrosa sal, qué insípida sería la comida. ¿Está claro? Entonces entiende que el éxito y el fracaso siempre estarán juntos porque son como tus dos manos. Para que reconozcas el éxito tienes que saber qué es el fracaso, así de simple, así de sencilla es la cuestión.

Así como el éxito y el fracaso, las pérdidas y las ganancias son las dos caras de una misma moneda. A través de las pérdidas es que ganas cosas nuevas. Gracias a lo amargo de la pérdida ahora conoces la dulzura de la ganancia.

Sin pérdida no habría nunca ganancia. Es tu lucha contra la pérdida, así como tu preferencia de la ganancia sobre la pérdida lo que te causa sufrimiento y eso es lo que ha retardado tu genuino crecimiento.

Cuando aceptes tanto la pérdida como la ganancia como el combustible que necesitas para tu crecimiento verás que, tanto un aspecto como el otro, siempre han sido grandes regalos en tu vida porque los dos te han aportado magníficos conocimientos cada uno en el lugar y en el momento adecuado.

Pero por ahora quiero que empieces a ver el fracaso y el sufrimiento como una mera ilusión. Ciertamente son componentes esenciales del éxito, no lo podemos negar, porque a través del fracaso es como se aprende a tener éxito.

A través de la prueba y el error refinas tu pensamiento y lo apuntas más y más hacia al éxito, siempre y cuando no te des por vencido y quedes desinflado a mitad del camino o de la prueba.

La vida es un conjunto de experiencias. Los desafíos son parte de las experiencias mismas. Usa los desafíos para mejorar siempre y disfruta la recompensa y la experiencia triunfadora que le sigue a cada desafío.

Al mal tiempo ponle buena cara. Cada intento es un éxito que conduce al resultado final que buscas: el gran éxito... Míralo de esa manera.

Si tu supervivencia está garantizada, ¿qué es lo que te preocupa tanto? Réstale importancia a aquello a lo que le has dado tanta importancia. Toma en cuenta que nada importa y que nada está mal... ¿Por qué digo que nada importa y que nada está mal? Porque todo está bien, absolutamente todo está bien.

¿Y por qué pienso que todo está bien? Porque de ti depende que todo esté bien. Tú eliges tu bienestar o tu malestar. Sólo tú y nadie más. Ay de ti que dejes que terceras personas hagan lo que quieran con tu vida. Ay de ti. Ya es hora que tomes las riendas de tu vida.

Sólo alcanzarás la riqueza y la felicidad en la medida que fomentes todos los momentos, eventos e intentos, viéndolos como experiencias sucesivas en tu vida pero todas llenas de éxito. Recuerda que tú eres el éxito máximo en la vida.

Capítulo Dieciséis

EL MIEDO AL FRACASO

Ahora ya sabes que debes insistir, resistir y persistir hasta que consigas todas las metas que te hayas trazado en la vida. La certeza, la fe y la creencia son parte importante para crear prosperidad, abundancia y riqueza en tu hermosa existencia.

La creencia, la fe y la certeza son vibraciones esenciales que también el universo utiliza para ayudarte a que obtengas lo que deseas.

Pon atención a lo que te voy a decir: no puedes ser feliz si estás inseguro de que eres feliz. Aplicando la ley anterior, no puedes crear metas sin la certeza de su precisión o de que temas que no se volverán realidad.

Peor aún, que hables y actúes sin firmeza no tiene ningún poder vibratorio que lo convierta en una circunstancia concreta porque titubeas y no estás completamente seguro de lo que deseas. ¡Ups!

La fe es el elíxir eterno que da vida, poder y acción al impulso vibratorio del pensamiento. La fe es el punto de arranque de toda la acumulación de la riqueza. La fe es la base de todos los milagros y de todos los misterios que no pueden analizarse a través de las rígidas reglas de la ciencia oficial. La fe es el único antídoto conocido que hay contra el terrible fracaso.

Para que puedas tener mucha fe tienes que repetir muchas veces afirmaciones positivas todos los días. Así tu subconsciente en algún momento va a terminar creyendo. Si persistes obtendrás grandes beneficios, si no, no, de ninguna manera.

Si no sostienes el pensamiento de forma firme, las cosas se te escaparán de las manos. Recuerda que nada es imposible; con una muy buena dosis de fe todo se vuelve completamente asequible.

Disuelve todos los pensamientos de duda y temor que anidan en tu corazón. Nunca los alimentes ni siquiera por un instante. Sé diligente y atento siempre y date cuenta de tus pensamientos con decisión.

Deja de pensar tantas veces en el pasado. Mantente en el aquí y ahora solamente. No pienses en el ayer. No te desgastes anímicamente. Sonríe y pon cara de alegría para que atraigas las cosas positivas a tu vida.

Cada vez que te descubras dudando o teniendo miedo, para inmediatamente esos pensamientos y no los dejes progresar. No los fomentes. No los alimentes. Por nada del mundo permitas que crezcan porque se pueden convertir en grandes monstruos que te terminarían devorando. ¿Eso quieres?

Mira tus miedos conscientemente como un observador imparcial, no comprometido. Mira lo que son, busca de dónde vienen, averigua por qué razón te acechan y mide el tiempo que duran actuando.

Observándolos de esa manera serás capaz de ponerte detrás de ellos, averiguar sus causas, sus oscuros orígenes, ponerlos frente a la luz y, finalmente, transmutarlos, disolverlos, evaporarlos, transformarlos de raíz, pero no con violencia, sino con amor y conocimiento de causa.

Proponte realizar con extrema urgencia lo que sigue: cambia de manera inteligente la polaridad negativa y destructiva de los pensamientos por energía positiva amorosa e inofensiva.

Ese sí que será un trabajo arduo en tu vida... Pero no te desanimes ni te confundas, sigue leyendo y verás que te proveeré de las herramientas necesarias para que consigas concretar lo que te digo.

La duda, la confusión, el miedo y preocupación tienen parcialmente sus raíces en una persona que no sabe lo que desea ser y tener. Y las oportunidades y habilidades que tienes en este momento, aquí, exactamente, son enormes e incalculables, sólo que tú no lo sabías.

Te lo repito: no puedes salir corriendo para ninguna otra dirección; por tanto, empieza a diseñar tus metas y tu destino hoy mismo. Tu creencia es tu único límite real y tu tiempo sólo el "ahora" definitivo.

El factor miedo es falsa evidencia haciéndose pasar por algo real. Está usurpando funciones y una identidad que no le corresponde. El miedo no es verdadero. En realidad no tienes nada a qué temerle, porque tu ser interior profundo lo tiene todo y es indestructible.

Tu ser es energía y conciencia, y en la escuela te enseñaron que la energía no se crea ni se destruye, que únicamente se transforma. Así que, entiende que tu ser está diseñado para no carecer de nada porque ya lo tiene todo.

Tener miedo a quedarse solo y sin dinero es una terrible enfermedad que está provocando estragos en la humanidad y está haciendo añicos a las personas. El miedo a estar sin plata, y a tener ese sentimiento negativo de sentirte sin poder adquisitivo te roba las magníficas oportunidades de crecimiento espiritual a las que podrías aspirar.

El malvado temor es el que impide que intentes cosas nuevas como ponerte metas en la vida, etc. El miedo es tan sutil que te mantiene ocupado para que no tengas tiempo siquiera de descubrirlo.

Es muy escurridizo. Se agazapa y se esconde como una sombra. El miedo es una entidad energética consciente que actúa bajo órdenes muy precisas para extraer de tu interior tu energía positiva y tu brillante luz. ¿Lo sabías?

El miedo te crea más y más miedos cada día que pasa. Crece y se reproduce a sí mismo por el alimento tan preciado que le proporcionas inconscientemente a través de tus pensamientos y emociones negativas.

La "canción del miedo" es aquella que no dejas de tararear todos los días de tu vida. El miedo es un implante energético que está anclado en tus células y lo tienes que descubrir para trabajar con él lo más pronto posible.

Por favor ya deja de tenerle miedo al miedo porque este te va a paralizar un día y te puede conducir a la muerte. Mejor procésalo... investígalo a fondo. Descúbrelo, conócelo, ámalo y hazlo tu amigo si es que no lo puedes eliminar al no contar con las herramientas adecuadas. Dice el dicho que si no puedes con el enemigo, únete a él, ¿qué no? Entonces haz eso.

El miedo no es tu peor enemigo como pensabas, ¿lo sabías? El miedo es tu entrenador psicológico; es tu sparring, y está haciendo un trabajo excelente con tu personalidad física.

El miedo es, entre muchas otras cosas, aquella situación difícil que te hace que te encuentres con tu valentía, con tu arrojo, con tu coraje, con tu amor propio, con tu instinto de conservación, etc.

El miedo es el que te impulsa muchas veces a salir de tu zona de confort; de ser así, deberías de agradecerle enormemente por la ayuda que te da. ¿Por qué no intentas ver al miedo desde otro ángulo del que antes lo veías?

¿Por qué no le quitas esa fea careta que le pusiste cuando pudiera ser algo maravilloso y muy bello en tu interior? ¿Te imaginas de aliado tuyo al miedo, pero ya sin ese papel tan horrendo que estaba desempeñando?

¿Estás completamente seguro que el miedo es lo que representa realmente? ¿Y si te dijera que el miedo se creó y se instaló deliberadamente en tu interior para que sufrieras la prueba de ser traicionado y todo lo que se deriva de ello como el sentido de pertenencia, el apego a los lugares personas y cosas, y a ver cómo te iba con los famosos celos, con la rabia, con el resentimiento, etc.?, ¿qué pensarías? ¡Vaya que yo sé mucho acerca del tristemente célebre miedo! Si quieres saber más al respecto, nomás pregúntame, yo te puedo dar una cátedra acerca del miedo.

Por ahora sólo te quiero compartir que si en un momento dado te sientes inseguro porque te rebasa el miedo, y no tienes confianza en ti mismo, te pido por favor que actúes como si tuvieras mucha seguridad, mucho valor y mucha confianza. Sólo tienes que creerte eso: que tienes mucha seguridad y mucha confianza en ti mismo.

Verás al final que te conviertes en alguien seguro, pleno, y lleno de confianza. Sólo tienes que creértelo. En la medida que te lo creas, el miedo se disipará como una sombra se disuelve ante los rayos del sol.

No saber claramente lo que quieres en la vida es una de las mayores causas de la duda, y en cuanto le abres la puerta, esta mete a tu corazón a sus amigos: la desconfianza y el miedo. Nunca te preocupes por nada.

La preocupación es miedo, falsa evidencia apareciendo como si fuera algo real, y luego va y te pone imágenes negativas en la mente para ver cómo actúas en consecuencia. El miedo siempre te va a estar probando.

La mejor forma de curar el miedo y la preocupación es enfrentarlos y analizarlos por completo, desmenuzarlos en sus componentes y ver dónde está la falsa evidencia.

Concientízate y continúa elevando tu nivel hasta darte cuenta de los detalles más finos. Esto aumenta

155

tu confianza al tiempo que revelas verdades causando que se eliminen o transformes los miedos.

Observa verdaderamente qué es lo que sí te sirve y qué es lo que ya no te funciona y vive la verdad haciendo lo que por observación te complace y te hace sentir bien.

Observa la verdad, conoce la verdad, piensa la verdad, habla la verdad, vive la verdad. Eso acelera los resultados y mantendrá un rato alejados a los miedos. Empieza a hacer las paces con tus propios miedos. Son tuyos, de nadie más; tú los creaste, además. No querrás estarle temiendo a tu propia sombra, ¿o sí?

Tú puedes hacer cualquier cosa en la que creas. Cualquier cosa que desees creer que tienes, la tendrás finalmente. En otras palabras, siempre tienes aquello en lo que verdaderamente crees. Piensa en ello.

Siempre tendrás aquello en lo que verdaderamente creas (del verbo creer), y lo tendrás exactamente en la medida que lo crees (del verbo crear). La regla siempre ha sido la misma; nunca se rompe y nunca se romperá. Es inamovible y estática.

Aprovecha al máximo tu tiempo con cosas que te nutran en todos los aspectos para que no permitas que el miedo se instale e invada tu interior causándote un desastre.

Invierte positivamente tu tiempo. Por nada del mundo lo desperdicies. El uso que le das al tiempo habla mucho de ti. Si en tu tiempo libre haces cosas de mediocres, ten la seguridad que no llegarás muy lejos.

No avanzarías adelante si desperdicias tu vida juntándote con perdedores. No irías a ningún lado si no lees, si no cultivas tu espíritu y tu intelecto. No pidas resultados de triunfador si inviertes el tiempo como lo hace el común denominador.

Lo que hagas con tu tiempo es lo que te encaminará al éxito rotundo o al fracaso seguro. Tienes que aprender a invertir de la mejor manera posible tu tiempo. El tiempo es oro... Cuídalo.

157

Tienes que aprender a trazar metas en tu vida, pero te sugiero que inmediatamente diseñes algo; que actúes en consecuencia. Diseña y actúa. Sueña en grande y actúa en grande.

El éxito no es para quienes simplemente lo desean, sino para quienes lo "hacen". El dinero no es para quienes simplemente lo necesitan, sino para quienes lo generan. Ve más allá de las palabras; ve más allá de los sueños y los deseos convirtiéndote en una persona de acción.

Tu intención funciona como un imán que atrae todo lo necesario para manifestar tus pensamientos y tus deseos fervientes en el plano físico tridimensional...

Quiero darte un ejemplo de cómo funciona la intención: Piensas o emites a través de tu prodigiosa mente una nueva idea; y es porque surge en ti un nuevo deseo que viene desde tu corazón a través de tu alma... luego tienes la intención de que ese deseo se manifieste...

Entonces empiezas a atraer automáticamente todas las cosas, los lugares y las personas que se requieren para la realización concreta de ese sueño... Y no es que tú seas tan inteligente como para provocarlo de la manera tan simple como te la cuento, es más bien la acción del universo la que confabula para que así resulten las cosas, ¿entiendes? Tú nada más le proporcionas el pensamiento y la emoción y él se encarga de hacer el resto...

Así que, no dudes ni tantito que el universo trabajará de inmediato la orden para ponerte en contacto con las personas adecuadas, los lugares indicados y las cosas necesarias que estén al alcance de tu mano para que tus ideas, deseos e intenciones se cumplan al pie de la letra. ¿Te queda claro?

Ahora quiero que sepas que para que puedas experimentar la felicidad verdadera necesitas vivir aunque sea por un momentito el polo opuesto a la alegría, que es la tristeza. Hay algunas cosas que necesitas vivirlas de primera mano o en carne propia, y otras que sólo necesitas conocer de manera conceptual o teórica.

Algunas veces las cosas que necesitas conocer de primera mano incluyen lo que se denomina como "sufrimiento", pero en esencia, son herramientas que te permiten disfrutar de los opuestos que buscas experimentar desde todos los ángulos posibles.

La verdadera conciencia de la riqueza es la capacidad de tener todo lo que deseas, cada vez que lo deseas, y con un mínimo de esfuerzo. Para que alcances a entender esa experiencia es necesario que captures la sabiduría de la incertidumbre. Pero, te estarás preguntando, «¿y qué es la incertidumbre?»

La incertidumbre es hacer conocido lo desconocido en cada momento de tu existencia. Lo desconocido es el campo de todas las posibilidades. Es un espacio vibracional que se mantiene a sí mismo siempre... siempre nuevo, siempre fresco y totalmente abierto a la creación de nuevas manifestaciones. Lo desconocido viene de la supuesta nada, del caos, del absoluto... entiende que "la nada" es "el todo", potencialmente hablando.

Si no experimentas en carne propia lo que es la famosa incertidumbre, y si no te atreves a experimentar profundamente lo desconocido, tu vida será sólo una mera repetición de recuerdos del pasado. Y si por desgracia te quedas vibrando sólo en lo conocido, te convertirás irremediablemente en una terrible víctima de tu propio pasado.

Tienes que hacer una lista de cosas que no te has atrevido ir a hacer, y por favor empieza a ejecutar cada acción ya. Haz conocido lo desconocido. Haz conocido lo desconocido, te lo suplico. Si no te has atrevido a hacer conocido lo desconocido, y si te has reprimido todo el tiempo de hacer muchas cosas, morirás en medio de la ignorancia y tendrás que volver a encarnar para completar el ciclo que te quedó pendiente. No te quedes con las ganas y ve y haz conocido lo desconocido. ¡Atrévete a hacerlo!

Quedarte atascado en el pasado es quedarte a expensas de tus pensamientos del ayer, los cuales se convierten en tu propio verdugo o victimario. Deja de pensar en lo que pudo haber sido y no fue. El "hubiera" no existe, ya déjalo atrás y vive el momento presente. Tu actual vida es el resultado de las decisiones que tomaste en el pasado y ya ni llorar es bueno. Por eso te conmino a volver a empezar, que nada te cuesta.

Si te mantienes anclado en el presente, en el eterno aquí y ahora, significa que en cada momento de tu vida siempre habrá mucha acción, emoción, aventura y misterios por resolver.

Apenas así es como estarás experimentando la alegría de vivir. Y vivir a plenitud es ponerle a todos tus actos: magia, celebración, júbilo y regocijo; importantísimos aspectos que sentirás hasta lo más hondo de tu maravilloso ser o espíritu.

Si quieres en verdad saber evitar el fracaso en tu vida, tienes que aprender a pensar y a actuar en grande. Tienes que hacer las cosas por ti mismo porque nadie estará al pendiente para que triunfes. Tú eres el único responsable de tus éxitos y de tus derrotas. Por encima de cualquier problema que te aqueje, piensa siempre en grande.

No esperes triunfar sin esfuerzo. Nunca nadie ha logrado el éxito sin hacer nada. Nunca postergues nada, porque si dejas para mañana lo que puedes hacer hoy, es señal de conformismo y mediocridad.

Actúa ahora mismo. La acción cura el miedo. En vez de estar perdiendo el tiempo pensando en la inmortalidad del cangrejo ponte a hacer cosas productivas.

Este es un mundo en el que el dinero cuenta mucho. La economía es una de las palancas que mueven los países porque ya todo está globalizado. Para bien o para mal es con dinero como consigues las cosas que necesitas para subsistir, ¿correcto? Por eso cuida mucho tu dinero.

Cuídate de los depredadores financieros, aquellos que atacan tus bolsillos y te roban tan sutilmente que nunca te das cuenta.

Los depredadores son lobos rapaces vestidos con piel de oveja que se te acercan y te tragan si te descuidas tantito.

Muchas veces esos depredadores llevan tu mismo apellido y tu misma sangre... detéctalos y ponte muy atento siempre. A los depredadores financieros les encanta robar en despoblado y a plena luz del día. Son muy astutos y usan argumentos convincentes para lograr sus fechorías.

Alrededor tuyo abundan los que pretenden vivir a costa de tu riqueza. Abundan los que quieren todo gratis o con descuento. Los que te solicitan un préstamo y nunca te lo devuelven. Los que creen que con dar las gracias con eso es suficiente y no valoran ningún esfuerzo. Ten cuidado con todas esas personas que te digo si no quieres experimentar un descalabro financiero culpa de eso.

Para que puedas evitar el fracaso en tu vida deja de financiar a quienes no se lo merecen. Las finanzas son objetivas y muy sensibles... no se les puede engañar. La energía del dinero tiene conciencia. Ama al dinero y respétalo. Y sí, yo entiendo que muchos siguen pensando que el amor es la palanca que mueve al mundo, es muy cierto...

Hasta yo mismo puedo gritar a los cuatro vientos que el amor mueve al mundo, sí, pero por desgracia el amor no paga las cuentas. La verdad es que tenemos que ser claros en ese espinoso asunto y debemos llamar todas las cosas por su nombre, así que, al pan, pan... y al vino, vino.

Deja las falsas modestias y sal de tu zona de confort pensando que eres muy espiritual. Un verdadero ser espiritual tendría a la par su parte material.

Recuerda esta ley universal: la sombra que proyecta un objeto cualquiera es directamente proporcional a la altura del mismo. Eso quiere decir que si te crees muy espiritual, tienes que ser muy material también, si no, estarías rompiendo el equilibrio del yin y el yang.

Se tiene que ser "tan", "como" en todos los aspectos. Tan espiritual como material. Nunca un polo debe estar por encima del otro. Los dos lados tienen que estar en completa armonía. ¿Entiendes? Esa sería una verdadera integración de las polaridades.

No te puedes dar el lujo de estar polarizado porque eso es una tremenda pérdida de tiempo en estos días.

Si quieres evitar los fracasos deja de pelear con gente conflictiva porque eso te rebaja a su nivel. Nunca discutas con la gente cerrada de mente, gritona y mal educada.

No te rebajes al nivel de los criticones y de los perezosos. Y por favor, no hables mal de nadie. Respeta a tus semejantes como a ti mismo.

Mejor sonríele a los demás. Establece contacto visual con las personas. Busca siempre su mirada y dulcifica la tuya. Aprende a mirar a los ojos sin retarlos a nada.

Respeta a los demás y respétate a ti mismo. Cree siempre que el dinero es bueno y que lo mereces todo porque tu naturaleza es de prosperidad y abundancia infinita.

Capítulo Diecisiete

LA LEY DE DAR Y RECIBIR

Todos sabemos que el universo es un gran océano de brillante energía en constante movimiento. Este emite sin parar maravillosas pulsaciones de flujo y reflujo muy parecido a la función que realiza tu hermoso corazón con sus casi interminables y rítmicos movimientos de sístole y diástole.

Y tienes que saber que la amorosa acción de dar y recibir, entre los individuos como entre las naciones, alimenta esa exquisita vibración energética la cual te pone en sincronía con el potencial sublime del vasto universo que tiende a expandirse de forma infinita.

Para cualquier cosa que desees tener en la vida, primero deberás ayudar a otros a que lo tengan y enseguida comenzarás a experimentar ese aspecto de manera abundante tanto en tu persona como en tu entorno circundante.

Por ejemplo, si estás enfermo, no actúes egoístamente gastándote fortunas en querer recuperar tu salud. Preocúpate más bien por la enfermedad de otros, y lo que hagas por aquellos se volverá a ti de forma multiplicada. ¿Captas la idea?

Sanar a otros directa o indirectamente es igual a sanarte a ti mismo. ¿Entiendes? Aunque yo diría más bien que ocuparte conscientemente de la enfermedad de los otros, sea física, emocional o espiritual, es mucho mejor vista a los ojos de quienes trazan las directrices del universo. Digo, si me permites usar la analogía de que fueran los dioses del olimpo quienes deciden qué se hace con el buen o el mal actuar de los mortales de este planeta, jejejeje.

Ahora bien, si deseas tener riquezas, muéstrale a otros cómo hacer y obtener la riqueza; y pronto, de una manera asombrosa, encontrarás que eres rico. Para que tengas riqueza y abundancia causa a otros que la tengan primero o al mismo tiempo que tú.

Y sé que te asalta la siguiente pregunta: «¿Cómo podría yo hacer eso en particular?» Aquí tienes la respuesta: Enseñándole todas las lecciones a quienes están interesados en conseguir el éxito y la abundancia una vez desarrollen su potencial interior. Ese conocimiento te lo estoy compartiendo a través de esta obra.

Comparte con los demás esta información para que abran su bendita mente a la abundancia y a la riqueza física, mental y emocional. Sé el vínculo amoroso que lleve paz a los corazones lastimados por la falta de conocimiento sobre sí mismos. Haz tu aporte a la causa.

Publica, comenta y comparte con tus amistades que si uno cambia, cambia el mundo. Forma grupos de discusión. Anda, esa es sí que es una muy buena idea. Donde dos o más se reúnen, el total es mayor que la suma de las partes. Inicia una revolución de la conciencia. Lucha por impactar positivamente la vida de quienes te rodean y todos saldrán beneficiados.

Desarrolla una conciencia que te permita estar atento para ver todas las oportunidades donde puedas dar algo de forma espontánea y con alegría y nunca dudes en hacerlo. Dar, dar, dar es la consigna en estos días. Puedes dar cosas materiales, ofrecer tu valioso tiempo, tus habilidades innatas, o cualquier otro tipo de cosas que los demás no tengan y que les estén haciendo falta.

Sácate de la cabeza el mal hábito de pensar que deberías recibir antes de dar algo. Eso no es dar; eso es intercambiar. Dando libre y alegremente te permitirá hacer transacciones con el universo. ¿Quieres saber la forma en que esta vida funciona? Da lo que tengas a alguien con libertad y alegría y verás cómo se activa la maquinaria del universo que enseguida te lo regresará pero en una mayor escala.

El universo siempre va a encontrar la mejor manera de devolverte la energía que diste a otros en algo que recibirás. Pero cuidado, ya que al universo le gusta devolver todo siempre multiplicado. Tú eres la unidad y el universo representa la multiplicidad.

El universo sabrá cuándo es el momento más apropiado y la forma más indicada para que recibas tu merecido. (No te asustes, no estoy hablando de algo negativo, sino todo lo contrario). Y obviamente que mientras más des, imagínate lo que recibirás.

Una de las grandes leyes universales es la ley de dar. Esa es en verdad una ley descomunal. Por eso da siempre con libertad y felicidad. Fórmate la buena costumbre de dar con alegría. Da antes de recibir. Da primero y después recibe. Cualquiera que sea el tipo de energía que des regresará a ti de una forma maravillosa.

¿Que qué puedes dar? ¿Eso quieres saber? Puedes dar tu tiempo, tu sabiduría, tu experiencia, lo que sea que des se te regresará de una forma inesperada. Da, da, da; y hazlo libremente y con alegría. Es la energía detrás del dar lo que importa, así que no des a regañadientes. La ley de causa y efecto garantiza que recibirás de sobra lo que des a los demás.

La vida en este plano se diseñó para que aprendieras, entre otras cosas, a dar, precisamente. Da lo que puedas de tu tiempo, dinero, sonrisas, amor, halagos, cualquier cosa, y recibirás a cambio aquello que no tenías o que te estaba haciendo falta. Da a manos llenas, y cuando recibas, recibe agradecido.

Gracia y gratitud son factores energizantes del dar y recibir. Siempre ve por la vida haciendo el bien y sin mirar a quién. Hacer el bien te produce buena suerte y te acerca al éxito máximo de tu existencia. Si tú ayudas a los demás a que construyan su propio éxito, así construirás rápidamente el tuyo también.

No te puedes dar el lujo de no cumplir con tu plan maestro de vida. Tampoco puedes permitir que eso ocurra al azar. Desarrolla el dar hasta que sea un hábito. Conviértelo en algo que hagas naturalmente sin tener que pensarlo siquiera.

Eso te convierte en un dador persistente y consistente y el universo trabajará desde, con, por, y para ti. Da siempre en forma espontánea y natural y verás la avalancha de cosas buenas que llegarán de vuelta a tu vida de manera sorprendente. ¿Por qué no haces la prueba? Porque... ¿y si sí es cierto que funciona?

Está bien pensar y saber que cuando das obtendrás algo que el universo te proporcionará a cambio. No tienes que simular que no estás interesado en recibir una recompensa por el hecho de dar. Es bueno

169

esperar una recompensa, ¿quién dice lo contrario? De hecho, esperar algo a cambio es facultar a la recompensa para que esta te llegue, si no, ¿cómo y cuándo tendrías lo tuyo?, pregúntome yo.

Eso sí, pon atención a lo siguiente: nunca pidas o esperes retorno de aquellos a quienes les das. La recompensa que recibas vendrá de alguna otra fuente, en un momento y en una forma que el universo hallará como la más adecuada para ti, por eso no te preocupes cuando ofrezcas la ayuda a los demás.

Todo ocurre en un perfecto tiempo y en una perfecta forma, ya que eso lo establece únicamente la fuerza inteligente de la conciencia cósmica universal. Hasta el caos mismo está regido por un exquisito orden de origen divino, tienes que saberlo.

Estás rodeado de oportunidades abundantes para dar, pero sólo las verás cuando te decidas abiertamente a saber de su existencia, no antes, ya que eso depende exclusivamente de tu madurez espiritual.

Tienes que aprender a recibir abundantemente, de forma alegre y feliz a la vez. Nunca te vayas a sentir incómodo al recibir. Mereces recibir. Acepta que mereces recibir porque no nada más naciste para dar, sino también para recibir. Recuerda que siempre tiene que haber reciprocidad entre el dar y el recibir. Recibiendo estás en armonía con la ley universal de dar y recibir. Si equivocadamente estabas programado nada más para dar, dar y dar, con esa actitud que raya en la ignorancia, rompías el más que sensible equilibrio del recibir. Debes aceptar que así como estás dispuesto a dar también tienes que estar dispuesto a recibir, no hay de otra. Si el que recibe no desea tomar tu regalo, respeta su decisión y no pongas cara de enojo. No te ofendas; permite que la otra persona use su libre albedrío y no busques que los demás dependan de ti.

Cuando una persona se vuelve dependiente de tus regalos, no le estás haciendo ningún favor porque reduces su creencia y le estás haciendo daño. De esa manera tan absurda estarías haciendo gente inútil e incapaz de valerse por sí misma y los echarías sólo a perder.

En vez de darle de comer, mejor enséñale cómo consiga sus alimentos para que se vuelva autosuficiente y no dependa más de ti. Porque cuando ya no estés cerca para saciar su hambre, ¿qué va a ser de su vida si no le enseñaste a valerse por sí misma? De seguro se sentirá desvalida, se pondrá a llorar, luego sentirá enojo contigo porque la dejaste sola y hasta te culpará por su desventura... y en el peor de los escenarios, quizás te acuse por su enfermedad y luego te hará responsable de su muerte. Y no querrás cargar eso en tu conciencia, ¿verdad?

El universo lleva las cuentas a la perfección. Si tú das algo a los demás en el plano físico, acumulas crédito a tu favor en el sistema "bancario" cósmico universal. Así es como funciona la forma de dar. Según la cantidad de acciones positivas que hagas por los demás, así será el saldo que arroje el balance de tu cuenta personal del universo. O "cielo", quise decir...

Hay quienes dan poco de lo mucho que tienen y lo dan alevosamente para obtener cierto reconocimiento, por lo que su ventajoso e insano deseo hace que la entrega no sirva. Y hay quienes tienen poco y lo dan todo. Estos son los que creen en la vida y en la retribución que viene del universo y su cofre de regalos nunca estará vacío. Es correcto dar cuando te solicitan ayuda, pero es mejor dar sin que te lo pidan. Para tal efecto debes usar tu intuición o percepción superior.

Aprende a querer todo lo que ya tienes, a amar el instante presente y a todo lo que conlleva a ese estado infinito de paz. Haciendo lo anterior, te pone esto en un estado de calma y en la posición más adecuada para encontrar los dones contenidos en cada momento de manera que puedas crecer rápidamente en la dirección en la que te quieres mover.

Recuerda que a lo que te resistes, eso persiste. Lo que te haga ruido todavía tendrás que dedicarle más tiempo para procesarlo correcta y positivamente hasta que no te mueva de tu centro; hasta que no te saque de tus casillas ni de tu balance. La gratitud rompe con la fuerza de la resistencia. Una vez aprendas a ser agradecido podrás mirar con claridad las cosas a tu alrededor y te verás a ti mismo en plena acción.

Lo importante en tu vida no es cuánto ganas, sino qué tan bien administras lo que percibes. Si hoy no puedes administrar bien lo poco que tienes, jamás podrás administrar en forma correcta lo mucho que deseas poseer. Así de sencilla es la cosa; si hoy no sabes manejar mil pesos, por supuesto que mañana no podrás controlar fácilmente un millón. La buena administración es lo que marca la diferencia. Tal como eres de ordenado por dentro, eso se refleja por fuera.

Hablando de cómo es que gestionas tu capital, probablemente ahora mismo tus ingresos sean pequeños, y sólo si sabes administrarlos correctamente podrás llegar lejos. El buen uso del dinero es esencial para crecer y para amasar fortunas. Quien se sabe administrar bien conoce lo que tiene y comprende sus posibilidades reales. Quien sabe ser organizado puede dar pasos firmes, recuérdalo. Sé siempre un buen administrador de tu vida así como de tus habilidades y de tu dinero.

¿Puedes decirme qué es la abundancia? Es un estado de ser. Es el estado en el cual sientes que tienes todo lo que quieres. Es un sentimiento activo, es una gran emoción interna. La abundancia está impresa de forma indeleble tanto en tus células como en tus emociones. La abundancia es parte de tu integridad y está en tu mente, cuerpo y espíritu.

¿Y puedes decirme ahora qué es para ti la pobreza? Al igual que la abundancia, la pobreza también es un estado de ser. Es el estado de carencia o de no tener aquello que tanto deseas poseer. Es el estado de resistencia u oposición para que llegues a obtener lo que anhelas. Es un sentimiento activo, es una emoción interna...

La pobreza por desgracia también está presente en tus células así como en tus emociones. La pobreza es parte de ti, pues está en tu mente, cuerpo y espíritu. La pobreza no es únicamente la ausencia de dinero en tu cuenta bancaria o la carencia de cosas materiales como muchos piensan... es muchas otras cosas más complejas y difíciles de comprender.

Entonces, tanto la abundancia como la pobreza son dos distintos estados de ser. Ambos estados se encuentran en tus creencias, pensamientos y emociones. A todo esto, fíjate que hay personas que no tienen muchas cosas materiales pero así son felices; tienen abundancia en sus vidas porque ellos creen y sienten que tienen todo lo que necesitan... Por otro lado, se puede ver a personas que tienen muchas cosas materiales y se rodean de lujos y se están quejando todo el tiempo de que no tienen suficiente. Ay no, ¿cómo puede ser eso posible? Pues sí, ese tipo de personas no tienen abundancia en sus vidas, aunque posean todas las cosas materiales que se les ocurra tener. Hasta podría decirse que esta es una paradoja de la vida.

Siendo que la abundancia y la pobreza son estados de ser, puedes crearlas a través de los pensamientos y las emociones. ¿Te das cabal cuenta de lo que estás creando día a día? Si te estás quejando por la falta de dinero y diciéndote a ti mismo y a los demás que es muy difícil tener dinero, o que el dinero es un problema, esos sentimientos bloquean la abundancia y estarás creando como consecuencia más pobreza y más problemas relacionados con la misma.

Ya que tú puedes generar lo que se te antoje en tu vida, ¿qué preferirías crear: pobreza o abundancia? Porque para mí siempre has sido un genio para concebir pensamientos y no paras en lo absoluto de crear cosas desde adentro hacia afuera ya sea consciente o inconscientemente. La abundancia es una emoción, no lo olvides, la emoción de tener todo lo que quieras sin importar las circunstancias.

Quizá estás pensando: «Es fácil decirlo, pero es muy difícil cuando tienes deudas y no cuentas con dinero para cubrirlas». Y eso es correcto, todos sabemos que es muy difícil, así que precisamente estás creando más pobreza cuando piensas de esa forma y empeoras tu situación.

Si quieres crear abundancia, la forma más fácil de llegar a ella es que empieces a medir y a sopesar tanto tus pensamientos absurdos como tus palabrotas malintencionadas.

Las palabras crean pensamientos. La repetición de las palabras se convierte en creencias, y las creencias crean sentimientos y se forma un círculo vicioso difícil de romper.

En ti está que actives o no esos sentimientos para convertirlos en emociones. Las emociones son el éter vibracional, el ingrediente o la sustancia activa que le entregas al universo para que este confabule y te dé precisamente lo que estás pensando, sea bueno o sea malo.

Empieza por saber que tú te mereces lo mejor. Redefine qué es lo mejor para ti y para los tuyos. La abundancia te está esperando, sólo necesitas ubicarte en la misma nota o escala musical para que la orquesta del universo haga la partitura junto contigo y se dé el hermoso acompañamiento.

Para que la abundancia llegue a tu vida tienes que repetir y practicar afirmaciones positivas donde dices que mereces todas las cosas. Di mil veces que eres abundancia todos los días.

Hazte creer, "lávate el cerebro", convéncete a ti mismo que cada célula de tu cuerpo, mente y espíritu están llenos de abundancia. Di que estás abierto a recibir el éxito en tu vida y la abundancia llegará a ti de diferentes maneras, ya lo verás.

Sé agradecido por todo lo que tienes. No te quejes por las cosas que no tienes o que has perdido en alguna circunstancia o contingencia de la vida. La gratitud te abre las puertas para que recibas lo que estás pidiendo y te hace sentir merecedor. ¿Lo sientes realmente? No te acuestes por las noches sin agradecer las cosas que te ocurrieron en el día, por favor.

El universo está lleno de abundancia y está esperando el momento oportuno para darte lo que es tuyo. Es muy probable que te tome cierto esfuerzo y mucha práctica hasta que cambies tu pobreza arraigada en abundancia, pero vale la pena porque es lo que tú te mereces. La abundancia es un estado de ser y tú puedes crearla. ¿Qué estás esperando?

Así que no te detengas, ¡da con alegría! Todo en la vida es un regalo. Con relación a la riqueza y a la felicidad en especial, nunca dejes de causar que los demás tengan riqueza y felicidad y tendrás riqueza y felicidad para ti multiplicadas. ¿Y qué es lo que mejor va con el dar?: Recibir. ¿Y qué es lo que mejor va con el recibir?: La gratitud. La gratitud atrae aquello por lo cual eres agradecido. Tú deberías ser agradecido aun antes de que obtengas algo porque por ley sabes que lo recibirás un buen día. De hecho ya tienes todo antes de que siquiera lo pidas.

La gratitud acelera la recepción debido a que es una declaración de creencia. Aprende a estar genuinamente y con entusiasmo en un estado de gratitud porque lo recibirás, o aún más precisamente, ya lo has recibido y lo estás vibrando en estos mismos momentos, ¿lo sabías? Sólo dalo por hecho y te sucederá.

No se te olvide entonces que la gratitud es el primer paso que hay que dar para recibir y experimentar. Es una afirmación. "Saber" simplemente que lo tendrás. Siéntete agradecido y entusiasmado por la gama tan enorme de eventos próximos a suceder en tu vida...

Si te dedicas a dar aún en las situaciones más precarias, mantendrás fluyendo la energía del recibir en tu vida a borbotones. La clave está en el equilibrio que logres entre los famosos conceptos de dar y recibir.

La gratitud crea y alimenta tu fe. Aparte de que es lo más correcto que hay en la vida: ser agradecido con lo que se recibe. Sé agradecido por todo porque eso te ayudará a descubrir los mejores aspectos que hay en ti. Recuerda que tienes que experimentar en lo más profundo de tu ser lo que es dar y recibir, ¿sale?

Capítulo Dieciocho

LA CONCIENCIA DE LA RIQUEZA

Al final de cada verdad está el comienzo de otra nueva. La búsqueda incesante de mejorar en todos los aspectos por supuesto que nunca termina. Y tú debes provocar de manera inteligente que la nueva verdad llegue a tu vida de una manera gozosa y que se traduzca en un hermoso y suave trayecto para tu persona.

Equilibra tu búsqueda de crecimiento hacia la prosperidad, la abundancia y el éxito a la par con la expansión de tu conciencia interna. Sólo estando en un equilibrio perfecto podrás encontrar verdadera alegría y abundancia en todos los sentidos.

Has de saber que siempre ha existido una fórmula exacta, tal como es la ciencia de las matemáticas, para que te vuelvas una persona próspera. Hay ciertas leyes que gobiernan el proceso de adquirir riqueza y una vez que aprendas esas leyes gozarás de las mieles del éxito con toda seguridad.

179

No necesitas nada fuera de ti para estar donde quieras estar porque todo el potencial se encuentra en tu interno. Sólo piensa, habla y actúa de la manera correcta y verás los sorprendentes resultados enseguida.

El primer paso hacia la riqueza es que conozcas qué es, realmente, esa magna "energía del dinero". O para ser más preciso, qué es lo que representa, de una manera clara, por lo que tienes que saber lo siguiente:

El dinero representa un aspecto del "valor interno" de las personas. A ese valor vamos a llamarle en este apartado: "Conciencia de la riqueza", y está completamente disponible para todos por igual.

La 'conciencia de la riqueza', que es una hermosa habilidad natural inherente a todos los humanos, se puede desarrollar o no, ejercitarla o no, ¿por qué? Porque depende única y exclusivamente de lo que uno decida en torno a esa capacidad. ¿Captas la idea?

En cualquier momento puedes cambiar tu elección; sea cual sea, eso no importa, pero date cuenta que nada fuera de ti podrá detenerte. No necesitas nada extraordinario fuera de tu persona para aumentar tu valor interno o conciencia de la riqueza, sólo aceptar y abrazar como tuya la abundancia universal infinita pero con un gran nivel de merecimiento.

Todo lo que necesitas está instalado dentro de ti en el aquí y en el ahora como si fuera un programa que forma parte del sistema operativo de la computadora. La conciencia de la riqueza sería el programa y tú la computadora, ¿entiendes eso?

La conciencia de la riqueza es la expansión misma de tu propia esencia y consiste nada más y nada menos en que te hagas consciente de las partes ricas que moran dentro de tu ser. Por esa razón entiende que no necesitas nada más para aumentar tu conciencia de la riqueza porque todo siempre ha estado dentro de ti.

Tú siempre has sido inmensamente rico. Eres rico de abolengo; rico por nacimiento; rico por derecho divino. Pero te enseñaron a elegir el no experimentar tu grandiosa riqueza natural. ¡Qué prueba tan más horrenda! Lo bueno es que a través del conocimiento que te estoy entregando en esta obra, la cual te servirá como un manual de procedimientos, te ayudará para cambiarlo todo.

Sólo sigue las instrucciones que he vertido en cada uno de los capítulos. Y no desesperes. Aguanta un poco más, que la recompensa a tu inquebrantable lucha será muy elevada, te lo prometo. ¡Alégrate por eso!

El valioso material que tienes en tus manos contiene muchas capas de comprensión. Es posible que lo que entiendes hoy te revele una de esas capas solamente; pero cuando lo leas de nuevo en otra ocasión descubrirás niveles más profundos que parecían ocultos para su aplicación, porque irás alcanzando mayores grados de conciencia con el paso de los días. Que no decaiga tu ánimo y atiende con atención las lecciones.

Debes saber que el dinero es un símbolo de suprema inteligencia, capacidad y riqueza, y está más allá del concepto equivocado que pudieras tener sobre el tema. Al dinero se le pueden dar formas de uso importantísimos en este mundo: El primero es que nos permite intercambiar nuestros dones con los demás, y el otro es que podemos experimentar la magia de la riqueza de una forma directa en nuestras vidas.

A través del tiempo, y con la experiencia adquirida, puedes aumentar tu propio nivel de la conciencia de la riqueza cada vez más. La conciencia de la riqueza engendra seguridad, poder y dinero, lo cual a su vez da como resultado valor interno, y el ciclo se perpetúa como cuando se le da vueltas a la rueda de la fortuna.

Cuando le temes al dinero no lo atraes, más bien lo ahuyentas. Nomás pon atención porque atraes lo que sea que temes acerca del dinero. Para atraer dinero tienes que amarlo. Para atraer cualquier cosa, amarla es el camino más rápido. Pero también es verdad que atraes lo que temes, no olvides eso.

El amor al dinero no es malo. No puede ser la raíz de todos los males. El dinero mismo tampoco es malo, aunque puede causar codicia y avaricia. El amor hacia el dinero es perfectamente saludable en tanto no lo conviertas en delito.

Siéntete libre de amar con plenitud el dinero y de amarlo genuinamente; pero vigílate y no dejes que ese "amor" se convierta en avaricia o codicia. Sólo ámalo (como entiendas el concepto). Haz las paces con él. Te necesita y lo necesitas. Ambos se necesitan. Dile que lo amas abiertamente... que no te de pena hacerlo.

El dinero se mueve hacia quienes más lo aman. El dinero libera a la gente para que pueda prestar atención a otras cosas de la vida. El dinero le da al humano la posibilidad de expresar su amor, de dar, de crear, de compartir y edificar a los demás. Ama el dinero y el dinero te amará de la misma manera que tú a él.

Asegúrate que tu fuente de ingresos sea un negocio y no un trabajo. Un trabajo es algo que requiere que estés ahí para que produzca dinero. Un negocio es algo que una vez que lo pones en marcha, no necesita que estés atendiéndolo en persona para que funcione bien, para que crezca adecuadamente o florezca, ya que solito camina

Un trabajo te necesita... y un negocio no te necesita; esa es la gran diferencia entre esos dos conceptos tan importantes llamados negocio/trabajo. ¿Ya te preguntaste qué es lo que tienes en tus manos? ¿Es un negocio? ¿Es un trabajo? ¿Ya entendiste el significado tan diferente de uno y otro?

Puede ser que tengas un "negocio" que es un trabajo para ti. ¿Por qué digo esto? Porque quizá necesite que lo atiendas, ya que sin tu constante atención se cae y la contabilidad empezaría a mostrarte puros números rojos (pérdidas).

Los trabajos toman tu tiempo y tu libertad. Los negocios te dan tiempo y libertad. Una persona con múltiples fuentes de ingresos, los cuales provienen de diversos negocios, termina teniendo tiempo libre, el cual puede usar para vivir bien y seguir plantando, lanzando o haciendo más negocios si lo creyera conveniente o necesario.

Los supuestos trabajos nunca permiten las libertades de tiempo para diversificarse. Hacer un negocio te da todo el tiempo libre para poder disfrutar de distintos aspectos de la vida que antes no te pudiste permitir por falta de riqueza y por no contar con "tiempo".

Por eso, si a futuro quieres tener una familia feliz, desde temprana edad tienes que enseñarle a tus hijos todo acerca de la "conciencia de la riqueza". Si no, como resultado tendrás individuos mediocres y fracasados.

Recuerda: ten múltiples fuentes de ingresos que no requieran que estés siempre presente para que estos produzcan. Para tener múltiples fuentes de ingresos imagínalo, deséalo, siéntelo, hazlo parte de tus metas y concrétalo. Así, los negocios correctos, las inversiones y fuentes de ingresos, empezarán a llegar a tu vida a raudales.

La gente que suele trabajar por un salario es la que más apuros económicos tiene en la vida. Mientras más ganan, más necesitan, pues más gastan, ya que están atrapados en un tremendo círculo vicioso donde no se puede ver una clara salida.

Donde veas que hay gente que trabaja por un salario, encontrarás personas que se quedan con múltiples compromisos económicos cuando se les agota su sueldo, que es a los pocos días de recibirlo. ¡Qué lata!

El problema que tienen siempre es que el dinero no les alcanza. Entonces podemos pensar que el sueldo es un factor de infelicidad. El sueldo no hace feliz absolutamente a nadie. Te podrá poner feliz un tiempo, pero luego te enfrenta a la cruda realidad de que todavía debes dinero. Y es que la inmensa mayoría de los empleados de cualquier nivel se muestran insatisfechos con lo que perciben. Dime si no.

Un empleado a sueldo casi siempre se está lamentando y piensa más o menos así: «Para todo lo que me utilizan y todo lo que hago por mi patrón, me está pagando una miseria este canijo viejo ratero y explotador; pero al cabo ya pronto voy a renunciar a ver cómo le hace; su negocio se le va a destruir sin mi presencia». Jejejeje, y así se la pasan, nada más pensando, porque nunca actúan de verdad en consecuencia.

Si trabajas para terceras personas, y constantemente tienes que batallar con los apuros financieros porque no te alcanza el cheque, detente un momento y reflexiona: ¿Por qué son otros los que tienen que decirte cuánto ganar y qué hacer para obtener esa cantidad de dinero? ¿Estás contento con tu sueldo?

¿Acaso no mereces vivir una vida donde el dinero ya no sea un problema? ¿Por qué no trabajas para ti mismo? ¿Por qué no compruebas que dedicándote a proyectos propios puedes ganar lo que desees?

Aunque no estoy diciendo con esto que las cosas sean fáciles, ¿eh?, que te quede claro. Pero, ¿no te has cansado de ese trabajito esclavizante que tienes?

Puede ser que por necesidad te veas obligado a ofrecer tu tiempo, tu esfuerzo y tus ideas para los proyectos de otros, pero abajito del agua empieza a trazar un plan para que conquistes pronto tu libertad. Mientras trabajas para otro piensa en volar solo algún día.

"Edúcate" financieramente hablando y libérate. Los cambios no tienen que ser radicales; pueden ser graduales, pero tienes que empezar ahora mismo a incubar la idea y a llevarla a cabo cuanto antes.

Decídete a transformar tu vida, no te conformes con un mísero sueldo. Tú puedes vivir en abundancia y no en la pobreza financiera con un raquítico cheque en un trabajo donde no tienes ningún futuro de crecimiento. No olvides que eres algo mucho más que ese sueldo. Todo es cuestión que te decidas al cambio.

Espero no hayas olvidado lo que te he dicho tantas veces: que el universo te da exactamente lo que eres y piensas. Por lo que si crees que el dinero es malo, indigno, maligno, vergonzoso o cualquier otra connotación negativa que le des, porque piensas que tú no eres ninguna de esas cosas a la vez, te terminas creando un mayúsculo conflicto interior y te desgracias la vida.

También le estarías dando al universo el mensaje de que tú eres bueno y positivo, y que el dinero es malo y negativo. Y en ese caso el universo te dará los resultados precisos para que termines con poco dinero en tu vida. ¿Lo ves? Quizá por eso no sales de ser un simple empleado esclavizado al trabajito de siempre. Piénsalo detenidamente. No te perjudiques a ti mismo.

Aquellos que sienten que aman al dinero, y que el dinero los ama... que el dinero es todo lo que ellos son, y que se integran en "Uno solo" los dos, son los que terminan teniendo bastantes buenas cantidades de dinero en su vida. Y, sean como sean, tú no debes criticarlos; ya que si lo haces, sería por envidia.

Debes entender profundamente lo abundante que es el universo, lo pródigo y dador. El universo contesta con exactitud lo que solicitas, por tanto, si crees en la abundancia, la tendrás, y si no crees, no la tendrás. Así de simple es la vida en este mundo y ponle punto final a tu letanía mental.

Deberías gritar a los cuatro vientos y con un infinito entusiasmo que amas el dinero y que el dinero te ama a ti muchas veces hasta que elimines de tu interior ciertos sentimientos negativos que traigas arrastrando al respecto como culpabilidad y miedo de poder recibir mucho dinero. Considera que tú eres la magna energía del dinero, y este es un elemento básico para que cumplas con todos tus más caros anhelos.

Cuando usas el dinero para disfrutar de la vida haces que otros reciban el dinero que tú les das y los haces prósperos por añadidura. Que tú te vuelvas rico hace que el mundo se vuelva rico y esto a su vez hace que tú te hagas más rico con un menor esfuerzo y una cosa lleva a la otra y la otra a otra y así sucesivamente. Así que, la lección es que aprendas a rolar el dinero.

La abundancia y la prosperidad usualmente fluyen hacia aquellos con el conocimiento correcto, aunque quien obtiene riqueza no tiene que ser necesariamente el poseedor del conocimiento. La persona rica es a menudo aquella que arma equipos de gente competente a pesar de que no sea ella la que posee el conocimiento de manera personal.

Si quieres tener una hermosa casa, por ejemplo, la forma de llegar a ella es trabajar primero en tener un recurso que produzca un ingreso que sea suficientemente alto como para financiar la compra de dicha vivienda. ¿Te queda claro?

Recuerda que la vida son imágenes de la mente expresadas. Sigue mejorándote a ti mismo, a tu ambiente y a tus alrededores vibrando, sintiendo y viviendo con lujo, con hermosos detalles y gozando de la frescura y la hermosura de la naturaleza.

Es a partir de lo que te rodeas donde se forman muchas de las imágenes mentales por lo que tienes que tener una muy buena base de datos llena de imágenes para que puedas crear a conciencia.

Con la misma seguridad con que respiras, debes saber que cosechas lo que siembras: positivo o negativo. Siembra buenas semillas y levantarás una buena cosecha. Y eso mismo sucede con la energía del dinero.

El dinero es "energía de valor" que, tal como toda la energía, vive para fluir, y necesita fluir para permanecer viva. Por tanto, ayúdale a fluir con alegría y la atraerás de forma abundante hacia ti.

No corras detrás del dinero; no te esclavices por él ni lo trates de encerrar en una trampa. En lugar de eso, vive con él y ten una libre y relajada relación con él. Aprécialo y ámalo. Sólo disfruta de su función y atributos, que son: el permitir la libertad y el flujo.

El dinero es una energía que permite libertad. Va a donde hay libertad y a donde le dan libertad. ¡Disfruta por tanto del dinero! No te "cases" con el dinero. Ámalo libremente... vive con él pero en "unión libre", eso es mucho mejor que casarse, porque si te casas con él te limitarías de inmediato y habría "celos" de por medio.

Cuanto más muestres a otros cómo obtener "valor y riqueza", más dinero volverá a ti a través de la ley de la reciprocidad. Habiendo armonía en tu vida, el "todo" es mayor que la suma de las partes.

En el proyecto o negocio que emprendas, involucra a gente que tenga la misma mentalidad para multiplicar tus esfuerzos y tus ingresos. Eso quiere decir que se puede hacer mucho más entre varias personas que uno solo. Duplicar, duplicar, duplicar... ese será un nuevo concepto que tendrás que aprender a realizar.

No necesitas tener para hacer. Sólo necesitas ser. ¿En qué tipo de persona te tienes que convertir para lograr lo que quieres? Por supuesto que no ganarás nada si antes no te conviertes en un supremo ganador. No serás exitoso si no actúas como exitoso. No tendrás abundancia si no te conviertes en una persona abundante.

Una vez te hayas convertido en el tipo de persona que deseas ser, el 'qué hacer' aparece sólo y los resultados harán lo propio. Necesitas "ser" para hacer; así llegarás a un auténtico tener.

Prueba y comprobarás que el principio ser, hacer y tener es la tríada perfecta para lograr la prosperidad, la abundancia y la riqueza absolutas en tu vida.

Ahora, abundando un poco y yendo al meollo del asunto, si crees que la cantidad de un millón es mucho dinero, por citar un ejemplo, tu techo mental acerca del dinero es muy reducido, es muy pequeño todavía y tienes que aprender a aumentarlo hasta el infinito.

191

Debes creer que si te lo propones, cualquier monto de dinero es posible conseguir tarde o temprano por muy escandalosa que pudiera parecerte en estos momentos la cantidad. ¿Estamos de acuerdo?

Nunca pienses que hay cantidades inalcanzables. Aprende a no vacilar y a no dudar que cualquier cantidad de dinero es posible alcanzar para la mente de aquel que tiene los planes precisos para generarlo. Y ese puedes ser tú. ¿Quieres lograrlo? ¿O no quieres lograrlo?

Quienquiera que preste un buen servicio a muchas personas se pone a sí mismo en la línea de la grandeza: gran riqueza, gran retorno, gran satisfacción, gran reputación y gran disfrute.

La filosofía de la persona rica contra la forma de pensar del pobre es comúnmente la siguiente: El rico invierte su dinero y gasta lo que le queda, mientras el pobre gasta su dinero e invierte lo que le queda. ¿Puedes creerlo? Ironías que tiene la vida.

Así que, para evitar que caigas en las garras de la pobreza, no te queda más que pensar y actuar como una persona rica, ¿cómo? Elevando tu patrón mental que tienes acerca del dinero.

Eleva tu creencia a la máxima potencia. Ninguna suma vale más que lo que una persona decidida puede generar, sea hombre o mujer, el género es lo de menos. Cuando de dinero se trate, piensa en grande. Siempre piensa en números mucho muy grandes.

Y es probable que ahorita mismo, hablando de ironías, tu situación económica sea ajustada. Puede incluso que necesites con urgencia "pequeñas" cantidades para salir adelante hoy y que las deudas no te sofoquen, te quiten el aliento y no te dejen respirar. Pero yo te digo: no te minimices; no creas que hay sumas que no se puedan alcanzar... Todo es posible soñar.

Hay por el mundo fortunas envidiables, montos exorbitantes, etc., pero todo, todo en esta vida es alcanzable, siempre y cuando te lo propongas. No le tengas miedo a ninguna circunstancia por muy difícil o inalcanzable que parezca. Todo se puede alcanzar en esta vida... todo.

Siéntete cómodo con el dinero, siéntete libre estando cerca de él, habla sobre él, trátalo y ámalo como lo harías con un amigo cercano. Con esa hermosa actitud tuya lo atraerás. Si le temes, o rechazas amarlo, lo vas a repeler, y eso por nada del mundo te conviene que vaya a suceder.

Gana tanto dinero como te sea posible y tan rápidamente como puedas. Mientras más rápido te despreocupes por obtener el dinero, más rápidamente podrás dedicar tu tiempo a mejorar tu estilo de vida.

Trata tu cuerpo como un templo. Tu físico debe ser un buen sistema de soporte para tu mente y tu espíritu. Si cuidas tu cuerpo suficientemente bien, lo podrás llevar adonde quieras ir con todo el poder, la fortaleza, la energía y la vitalidad que necesitas para alcanzar los sueños que más anhelas.

El dinero de ninguna manera es cosa sucia. La riqueza bien ganada es lo más limpio que hay, porque el dinero representa los más elevados valores humanos.

Admite que es posible hacerse rico limpiamente. Haz del juego limpio tu estilo de vida personal y nunca, eso sí, nunca cedas a la tentación del dinero fácil porque te corrompes y te ensucias y nadie quiere eso, ¿verdad?

Recuerda que tú eres la magna energía del dinero; y ese es un elemento básico para que cumplas con todos tus más preciados anhelos.

Capítulo Diecinueve

EL SECRETO DE LA ABUNDANCIA

Sabes perfectamente que es posible obtener cualquier cosa cuando crees, sientes y eliges con una claridad meridiana. Aplicando esa fórmula, precisamente, es como te haces abundante y es como te vuelves completamente suficiente en todos los aspectos de tu vida.

En tu nivel más elevado, más allá de la mera forma tradicional humana, eres poseedor natural de una gran riqueza y abundancia absolutas. Así lo marca y determina el universo mismo. Y si el universo no se equivoca, tú sólo tienes que fluir cooperando con el plan maestro de vida que tienes por hacer.

Ciertamente no hay nada difícil, complicado o extraordinario que tengas que hacer a este respecto. En realidad no podrías ser otra cosa en el mundo más que próspero y suficiente... en teoría, al menos, porque en la práctica suele haber personas que les gusta hacer las cosas de forma contraria a lo natural.

195

Por lo tanto empieza ahora mismo a corregir todo en lo que te hayas equivocado antes. Anda y ve, te está esperando ese cúmulo de errores para ser cambiados. Anda y ve; no estás solo, que yo te ayudaré.

La abundancia está impresa en tus emociones. La suficiencia la encuentras en tu mismísimo humor vibracional. La abundancia forma parte de tu integridad. La abundancia está en tu mente, cuerpo y espíritu. ¿Entiendes? Ahora bien, si en teoría es así, ¿qué te pasó? ¿Desde cuándo, cómo, y por qué te desconectaste de ella? ¿Lo sabías siquiera? Yo creo que no.

Dando por hecho que eres heredero absoluto de una abundancia exquisita, siempre sostendré que traerás a tu vida riqueza y felicidad en la medida en que veas, creas y actúes en abundancia y suficiencia.

Esa es la forma de que conozcas, y por experiencia propia, qué tan abundante eres o puedes llegar a ser. El problema que estos conceptos 'tan elevados' no se pueden explicar y entender por completo en forma intelectual, se deben más bien experimentar en carne viva, ¿cómo la ves?

La abundancia, la suficiencia y la riqueza son tu pleno derecho por nacimiento. La pobreza es todo lo contrario a lo primero. A mí me parece que la terrible pobreza o insuficiencia es una transgresión a las leyes del universo. Definitivamente el universo no es un lugar donde la pobreza sea natural.

La pobreza es algo completamente anormal, pues provoca sufrimiento y origina la enfermedad en el plano físico terrestre. La pobreza es algo que germina en la mente de los hombres y contagia a los demás como un virus que se extiende de manera exponencial.

No asustes a la magna energía del dinero diciendo y pensando que no hay suficiente porque eso no es cierto. Decir lo anterior es faltar a la verdad. Pensar que no hay suficiente es ilusión; no es real.

No puedes ni siquiera comenzar a evaluar la vastedad infinita de la provisión de material de creación de energía a la que tienes acceso en el universo infinito.

No manipules a la gente ni a las cosas. Eso es pensamiento competitivo. El pensamiento creativo es más eficiente y verdadero para la naturaleza de la abundancia.

El pensamiento competitivo te hace pensar en términos de escasez contra la cual se debe luchar y eso es lo que consigues precisamente: escasez... y nadie quiere eso, ¿verdad? Al menos yo no.

Yo quiero suficiencia; yo soy suficiencia. ¿Y tú? ¿Tú qué quieres? ¿Suficiencia o escasez? Una representa la salud, la otra es una enfermedad que azota a la humanidad sin tregua. ¿Por qué desearías crear escasez en tu vida? ¿Acaso te gusta sufrir más de la cuenta?

Por desgracia he descubierto que la economía, como ciencia, enseña sobre la escasez de los recursos. Terrible, ¿no crees? La economía fue inventada cuando las personas empezaron a creer en la carencia y por supuesto que terminaron creándola en sus vidas. Creer es crear, no lo olvides. Si crees en la carencia, si crees en la pobreza, eso atraes a tu vida más pronto que tarde, eso es una realidad.

La creencia en la carencia causó que en el mundo escasearan las cosas para perpetuar la ilusión de escasez. De ahí que el estudio de la economía proclamó que los recursos naturales eran escasos. ¿Puedes creerlo?

La economía, como disciplina o estudio, es derivada de la observación, pero esta es relativa, no es absoluta; no es la verdad verdadera.

Recuerda que a veces las apariencias engañan. No todo lo que se ve es cierto. No todo lo que brilla es oro.

Hablando de los recursos, sólo recientemente se nos ha dado la oportunidad de comprobar que algunos de ellos son inagotables. Por citarte un mero ejemplo, los archivos de música y otros de contenido digital que se pueden descargar de internet no se podrían agotar porque siempre quedaría el original de donde se hacen las copias. ¿Cierto?

Entonces, bajo esa premisa, no creas en la escasez porque la atraes hacia ti. Si crees en la carencia, esta se tornará una verdad para ti. Sería un decreto que podría cumplirse un mal día y no querrás eso, ¿o sí?

La ciencia de la economía fue un estudio de la escasez en un tiempo donde la escasez era todo lo que había. Por eso está fallando su aplicación en los negocios de la nueva economía y en los cálculos de hoy en día. Sea lo sea que sostengas como verdad, se transforma en verdad, aunque no sea esta la máxima verdad.

Cuando empiezas a cuestionar descubres una verdad más correcta que se va acercando a la suprema verdad. La suma de todas las pequeñas verdades da como resultado la gran verdad verdadera.

La escasez no es una realidad; es una percepción de un aspecto del universo holográfico. En el universo hay una fuente de provisión infinita. Cuando no obtienes lo que te gustaría tener, entiende que lo que está fallando no es el universo dador sino tus pensamientos que no crean correctamente. Quienes se equivocan al crear es porque no aplican las fórmulas correctas.

Acepta honestamente toda la responsabilidad y haz enmiendas pero nunca hables o pienses en la carencia o en la escasez, ya que el pensamiento y el sentimiento son la causa de todas las cosas, sean buenas o malas.

Estar sin dinero es temporal, pero la pobreza es una condición mental. La carencia, la insuficiencia o insolvencia es una terrible enfermedad de la mente y puede durar mucho tiempo para que sea disuelta en tu vida.

De ti depende cuánto quieres que dure la carencia "viva" porque seguirá vibrando mientras la alimentes con tus pensamientos y tus sentimientos negativos.

Te pido encarecidamente empieces a restarle importancia a la pobreza (insolvencia) para que la puedas superar pronto. Más bien elimínala ya. Es un estorbo que hay que quitar de enmedio.

¿Cuánto es suficiente tener? ¿Te has preguntado? Considerando el hecho de que la oferta es infinita, entonces suficiente es la cantidad que te permite vivir tal como desearías vivir sea que trabajes o no.

Luego tú eliges cuándo jugar y cuándo trabajar según lo sientas y no porque necesites hacerlo, sino por gusto o por placer.

En capítulos anteriores te expliqué que eres Uno con el Todo... ahora te enseñaré ciertos aspectos que harán que la abundancia se convierta en parte de tu vida:

Aprende a gastar tu dinero con gusto, con alegría y entusiasmo. Cuando compres cosas o pagues cuentas, siente que lo estás haciendo con gozo y satisfacción. El dinero se escapa de quienes sienten que hay escasez y negatividad hacia el uso del mismo.

La naturaleza es capaz de otorgarte todos tus deseos sin perder nada en sí misma. La escasez no es real, sólo aparece cuando eliges verla. El universo nunca se podría quedar sin poder creativo y capacidad de entregarte todo lo que solicites de manera correcta.

Todo lo que se ha creado una vez se puede volver a crear miles y miles de veces más. La provisión no tiene límite alguno. Entonces todo es renovable. Todo es inagotable por dondequiera que lo mires. Para que evites la escasez, elimina los pensamientos de competencia y en su lugar elige los de creación. La palabra "competencia" es una declaración para el universo donde le dices que crees que tu supervivencia está en riesgo y que no hay suficientes recursos para que estés bien.

Lo mismo pasa con los pensamientos de querer cometer fraude, manipular, sacar ventaja, pagar injustamente, envidiar a otras personas, y cosas por el estilo. Esos pensamientos te crean una conciencia de carencia y causan la escasez. Te puedes hacer rico de esta manera en forma temporaria, pero no puedes elevar todo tu potencial y es muy seguro que enseguida te caigas de forma estrepitosa y eso te va a doler.

Si estás hecho a imagen y semejanza de la fuente que proviene del universo, entonces la abundancia, la riqueza y la suficiencia son tus estados naturales de ser.

En lo más profundo de ti sabes que esto es así. Todo lo que necesitas es vibrarlo y recordarlo de manera que experimentes lo que verdaderamente quieres. Tú eliges qué vivir y qué no vivir. Deja de auto flagelarte y mejor toma las riendas de tu propia existencia. No permitas que los demás elijan por ti.

El universo tiene suficiente riqueza para todos en el mundo. Mucho más que suficiente... mucho más. La gente no es pobre porque la naturaleza sea pobre. Las personas suelen ser pobres porque su conciencia de la riqueza es pobre, así de simple es la cosa.

Ni en mil vidas que pudieras vivir no te gastarías la riqueza que el universo tiene para ti y que te ofrece de forma totalmente libre. Sólo podrías fallar en recibirla debido a tus propios sentimientos, palabras y acciones, que son las verdades que sostienes acerca de ti mismo y esas verdades son las que crean tu realidad. Reconoce todo lo bueno de la vida. No veas la carencia. Una vez reconozcas lo bueno que ya tienes, con eso empiezas a elegir y a abrazar la abundancia.

El hecho es que cada vez que crees que el universo te niega algo, le estás negando algo al universo. Y eso es porque en el fondo piensas que eres demasiado pequeño y que no tienes nada que dar.

Para que cambies tu realidad anómala, visualiza todos los días lo siguiente: da al universo todo lo que sientas que se te está negando tener.

¿Te falta algo? Actúa como si lo tuvieras y te llegará. Así, al poco tiempo de comenzar a dar, empezarás a recibir todo a cambio. No es posible recibir lo que no se da. El flujo crea reflujo. Nadie puede dar lo que no tiene, por ahí empieza todo...

La fuente de toda abundancia no reside afuera de ti, es parte de lo que siempre has sido y lo que siempre serás. Sin embargo, es preciso comiences por reconocer y aceptar la abundancia externa. Encuentra la plenitud de la vida a cada paso.

Reconoce la plenitud de la vida que te rodea, como sentir el calor del sol sobre tu piel, ver la magnificencia de las flores, gozar el jugo delicioso de una fruta o agradecer la sensación de empaparte bajo la lluvia, etc.

Otro ejemplo: cuando le sonríes a una persona, proyectas brevemente la energía hacia afuera, y eso te convierte en dador. ¿Ya te preguntaste qué puedes dar en una situación cualquiera? ¿Cómo podrías servirle a tal o cual persona? ¿Cómo podrías ser útil en tal o cual circunstancia de la vida? Ya deja de pensar y actuar egoístamente y mejor entrégate a los demás. Ponte a practicar el amor universal cuanto antes.

Lo más seguro es que cuando sepas sentir la abundancia exquisita en tu interior, la abraces y te fundas totalmente en ella, esta se manifestará con todo su esplendor en tu bendita vida exterior. A mí eso me suena fabuloso y enriquecedor. ¿Por qué no lo intentas?

La abundancia le llega solamente a quien ya la tiene. Esa es una ley universal. Tanto la abundancia como la escasez son estados interiores que se manifiestan luego en tu realidad.

Dime qué es lo que quieres para ti para decirte lo que tendrás de vuelta...

La abundancia está en ti. Tú eres la abundancia en sí misma. Tú eres el heredero de una abundancia exquisita, ¿qué estás esperando para tomarla?

Capítulo Veinte

EJERCE TU LIDERAZGO

Desde el principio de los tiempos se ha registrado por todas las regiones del planeta este singular fenómeno, el cual divide a las personas entre los más aptos para la toma de decisiones, y los "otros", los que sólo acatan seguir el camino trazado rigiéndose por las directrices impuestas por aquellos que les dicen lo que tienen que hacer y punto.

¿Y qué tipo de sujetos fueron y siguen siendo esa clase de líderes? Los que han mostrado frente a los demás una mayor capacidad de poder lidiar, y de la mejor manera posible, con los problemas de la vida. Y es por eso que yo creo que tú estás lleno de eso: de liderazgo.

Si hacemos un rápido análisis, descubriremos que en este mundo sólo existen dos clases de individuos; y muy bien definidos por las cualidades de cada quien: los líderes como tú (guías, caciques, dirigentes, cabecillas, paladines, caudillos, jefes, etc.) y los seguidores (partidarios, discípulos, afiliados, adeptos, sectarios, gregarios, acarreados, gente del montón, etc.).

La diferencia es que los líderes tienen mucha seguridad en sí mismos; son los que parten el pastel, son entusiastas y emprendedores. Mientras que los otros necesitan que los acarreen, que los empujen, que les digan qué hay que hacer porque de lo contrario nunca harían nada por su propia cuenta.

Como que a los seguidores les faltan fuerzas para hacer las cosas; o es muy probable que no quieran salir de su zona de confort, ya que se sienten bastante cómodos allí mero. Ese tipo de personas no tiene iniciativa propia. Parece que ya se les quemaron algunas neuronas de su cerebro y no las podrán recuperar.

Y nada más para certificar, ya que saldrá desde lo más profundo de tu misma esencia... aquí te tengo que preguntar: ¿Eres líder en verdad? ¿O acaso eres un simple seguidor? Porque hay que tomar en cuenta que la vida da muchas vueltas; y a veces uno se halla al frente de un grupo y en otras ocasiones no queda más remedio que retroceder tantito y obedecer las órdenes de quien manda en el momento, y sin tener que chistar.

Pero bueno, si te pusiste a pensar, y titubeaste al emitir la respuesta, aquí es donde te debo ayudar:

Para mí tú eres un líder por naturaleza. Debes convencerte que así naciste y siempre lo serás. Eres un líder en esencia y en potencia. Eres como un diamante en bruto que solamente se necesita trabajar (pulir) en él para que aumente su valor de manera exorbitante.

Ahora bien, es importante que sepas algo: el liderazgo no es equiparable a la dominación o a imponer la autoridad, por lo que, presidentes, jefes departamentales o gerentes de tienda, no son necesariamente la clase de líderes a los que me estoy refiriendo en este trabajo de investigación.

Y no quiere decir que no exista una estrecha relación entre liderazgo y poder; pero no es en ningún caso un poder ejercido sobre los otros el que vale, sino más bien un poder compartido y orientado para conseguir objetivos juntos, en colectividad.

El verdadero liderazgo no ejerce bajo ningún motivo el poder y menos de una forma indiscriminada. Por lo que, tanto líderes como seguidores, deben trabajar hombro con hombro por el bien común del conglomerado.

Y mientras algunas personas poseen por naturaleza cualidades que las predisponen a ser elegidas como líderes dentro de sus grupos y a llevar a cabo con certeza dicho rol, se supone que casi todo mundo puede adquirir las habilidades necesarias para convertirse en un líder efectivo; todo es cuestión que los seguidores decidan conseguir ese estatus mediante una preparación adecuada.

Y hablando de preparación, posiblemente seas tú de las personas que sueñan con hacer del planeta un mundo mejor; y eso está muy bien, pero, ¿ya te diste cuenta que el que siga obstinado en hacer lo mismo que venía haciendo durante toda su vida, y sin una verdadera disposición al cambio, jamás llegará lejos?

Porque tienes que saber que al desarrollar el potencial interior se topa uno de frente con las oportunidades que conducen al éxito a cada momento y en todo lugar. Las oportunidades de cambio nunca dejarán de existir en la vida diaria. Sólo hay que tomarlas con firmeza y determinación.

En los tiempos difíciles suele haber muchas más opciones de crecimiento. Los momentos espinosos de la vida son los que ponen a prueba de qué está hecha una persona tanto por dentro como por fuera.

Cuando el mundo tiene más problemas por resolver, los individuos con habilidades, conocimiento y creatividad son quienes salen mejor parados –victoriosos– de las pruebas porque sacan la casta (la clase de personas de lo que están hechos), aprovechando cada una de las oportunidades para alcanzar el éxito, y por supuesto que ganan en experiencia comparados con los otros.

Ahí es cuando uno se da cuenta de quiénes son verdaderos líderes natos y quiénes son simples seguidores de aquellos que toman la batuta y dirigen a la muchedumbre. Y yo quiero estar seguro de que quedes investido con los ropajes de un líder verdadero.

Por nada del mundo te conviene ser de los otros. No me gustaría que fueras por la vida por la que van "Vicente y toda la gente"... ni que seas partidario de ir por donde van "Raymundo y todo el mundo". Tú eres diferente. Tú eres un líder en toda la extensión de la palabra, ¿quedamos? Es un trato entre tú y yo.

La sociedad condiciona a algunos

Cuando me puse a estudiar detenidamente el comportamiento del humano común, descubrí, no sin asombro, que está mucho más condicionado de lo que pudiésemos creer. Y es que para muchos, la presión que ejerce la sociedad en sus personas, sigue siendo un obstáculo muy difícil de salvar.

En verdad los seres humanos débiles (los simples seguidores) no son tan "libres" como debieran ser, porque no pueden decidir fácilmente qué camino es el que más les conviene en la vida; ya que, cuando se ven ante esa disyuntiva, le batallan mucho para elegir.

¿Y a qué crees que se deba esa incapacidad? A que toman mucho en cuenta lo que los demás opinen de su vida. ¡Ups! Increíble pero cierto. Mientras que, por otro lado, a los verdaderos líderes las opiniones de los demás no les quita el sueño; eso los tiene sin cuidado. ¡Qué gran diferencia!

Hablando del desarrollo personal, muchas de las personas ordinarias padecen un grave síndrome que los atemoriza justo al momento de tomar decisiones, y hasta adoptan un comportamiento un poco raro (aunque va muy de acuerdo con su personalidad introvertida) con el que evitan sobresalir a toda costa, no desean destacar ni brillar más de la cuenta, y todo por no dejar de pertenecer a un grupo determinado, pues con el sólo hecho de pensarlo, se llenan de pavor.

Algunos se boicotean en forma deliberada para no salirse del camino por el que transita la mayoría. De manera inconsciente hay quienes temen triunfar porque esa actitud llamaría mucho la atención y les da miedo que sus habilidades puedan ofender a los demás... y para mí, proceder de esa manera tan absurda, no es más que una perfecta tontería.

Abundando en el tema, ese es uno de los aspectos más oscuros de la condición humana; porque, por una parte, revela falta de autoestima y confianza en sí mismos; ya que ese tipo de sujetos cree que su valor como persona depende de lo mucho o lo poco que los demás lo califiquen o cataloguen...

Y, por otro lado, viene a constatar una verdad incómoda. ¿Cuál? La de que muchos siguen formando parte de una sociedad en la que se tiende a condenar el talento y el éxito de los demás. Hasta pareciera ser mal visto por la mayoría que a alguien le salieran bien las cosas.

Como que no pudieran las personas normales aspirar a alcanzar el éxito y la gloria porque los demás les retirarían la palabra y no les hablarían más. Qué tragedia para aquellos que tienen que quedar "bien" con la falsa sociedad que les rodea. Ay no, ay no. ¿Le podremos decir a eso evolución?

¡De ninguna manera! Eso es estancamiento puro, degeneración, involución, etc., y caería dentro de la ley de la entropía, la cual dice que todo se va corroyendo; como la acción del óxido que pudre y desgasta una resistente reja de hierro forjado en la playa por la humedad, la sal y el tiempo... y parece que los humanos condicionados por la sociedad van que vuelan para caer en un precipicio.

La envidia corroe las entrañas...

Y no me queda otra opción que descubrir la verdad en torno a este lamentable asunto que estoy tratando en estas líneas. Verás: detrás de ese tipo de conductas se esconde un virus tan escurridizo como letal, que no sólo enferma, sino que paraliza el progreso de la sociedad, y estoy hablando ni más ni menos que de la terrible envidia.

La definición de esa emoción tan desagradable es la siguiente: "Deseo insano de algo que no se posee". Por lo que, quien deja que la envidia aflore en su persona, esta le provocará tristeza y mucho malestar al ver los bienes materiales ajenos y no tenerlos en su poder.

La susodicha envidia surge cuando alguien se compara con otros y concluye que no podrá tener lo que tanto anhela. De ahí que saca a relucir esa conducta enfermiza que no le conduce a nada bueno, ya que sería capaz de mentir y de matar cuando se obsesiona.

Es decir, la persona pone el foco en sus propias carencias, las cuales se acentúan en la medida en que piensa en ellas. Así es como se crea el complejo de inferioridad... porque de pronto siente la persona que es menos porque los otros tienen más. ¿Te das cuenta?

Cuando se activa el tristemente célebre defecto de la envidia, no deja que se alegre uno por los logros obtenidos de los demás. Y todos deben de saber que esas emociones actúan de manera inevitable como un espejo donde se ven reflejadas las frustraciones propias.

Para trascender la envidia se debe dejar de demonizar el éxito ajeno. Lo mejor sería admirar y aprender de las cualidades y las fortalezas que han permitido a otros alcanzar sus sueños. No hay que olvidar que lo que se codicia de los demás, termina destruyendo, y lo que es admirado, edifica como mejores personas.

La envidia revela a los individuos los dones y talentos innatos que todavía tienen por desarrollar. En el momento en que lleguemos a superar colectivamente el complejo de inferioridad, posibilitaremos que cada uno aporte lo mejor de sí mismo a la sociedad y el mundo cambiará de forma radical. Qué hermoso sería un mundo así. ¿Verdad que sí?

La conformidad es el proceso por el que todo miembro de un grupo determinado cambia sus pensamientos, decisiones y comportamientos para encajar con la opinión de la mayoría; so pena de que aquellos le apliquen la ley del hielo si osa siquiera salirse del redil... Dolorosa situación que no debería existir jamás, ¿o tú qué crees?

Yo digo que quien quiera cambiar para bien tiene que tomar sus propias decisiones a partir de hoy. Por favor tú nunca permitas que terceras personas impongan sus reglas, supuestamente de "sociedad", para que te liberes y no te quedes atrapado viviendo con el terrible "qué dirán" de los demás.

Hay un diablito en tu hombro...

Pareciera una broma macabra, pero así como en los cuentos o series de caricaturas, resulta que el humano trae en uno de sus hombros, hablándole al oído, un diablito con cuernos, vestido de rojo y con un tridente en la mano, y ese personaje es el que se la pasa todo el tiempo criticando tus actos y te tiraniza porque no haces las cosas a su gusto.

Me estoy refiriendo, enfáticamente, a esa terca voz que escuchas muchas veces y que sientes en todo tu cuerpo a modo de respuesta emocional al erizarse los vellos de tu piel toda vez que te juzgas, te acosas, te atacas y te insultas a ti mismo. ¿Lo sabías? Pero, espera, no eres tú el que profiere internamente esas malas palabras, es el diablito que traes trepado en tu hombro el que te hace todas esas travesuras.

Resulta que para ese 'dictador interior' (en realidad se trata de larvas energéticas negativas bautizadas por mi persona como "seres sutiles"), nada de lo que haces está bien, y siempre te pide que hagas más de la cuenta... Es quien te obliga para que te quedes una hora más en el trabajo; que hagas un mayor esfuerzo; que aquello que estás aprendiendo lo hagas una vez más aunque sientas desfallecer de cansancio, etc. En pocas palabras, nada de lo que haces le satisface y a cada rato vocifera y te reclama.

Ante los ojos de ese, o esos "personajes" –si es que les podemos llamar de alguna manera– nunca haces las cosas correctamente; te repite una y otra vez que no eres una buena persona, un buen amigo, buen hermano, buena esposa o buen marido, buen hijo, buen estudiante, buen empleado, etc. Y eso por supuesto que al paso del tiempo, cansa, ni modo que seas de palo o de fierro para poder aguantar tanta presión.

Para ese patrón negrero que llevas dentro (un aspecto negativo de la energía densa que te rodea y escuchas adentro de tu cabeza) y que te está hablando siempre al oído, nunca es suficiente, siempre te estará atacando, insultando y exigiéndote más sin parar todo el tiempo. ¿Y para cuándo crees que podrás detener esa insistente acción en tu contra?

Ni un momento antes de que estudies esa clase de energías, sepas de su real existencia, y decidas pararlos diciendo: ¡Basta! Ah, pero no tienes que enfrentar esas entidades con mucha rudeza, ya que eso los refuerza y los legitima, y por supuesto que el nivel de la riña subiría de tono de forma inmediata. Y tú no quieres que eso suceda, ¿o sí?

Recuerda que existe una ley universal que dice que a toda acción le corresponde una reacción, así que, si tú les gritas y los maltratas, ellos o ellas contraatacarán aún más fuerte y la pelea no se detendrá jamás. Sencillamente lo que debes hacer es escuchar, sí... pero tienes que aprender a lidiar a los personajes con sus molestas voces. Ahora bien, estoy seguro que en el momento que dejes de tomar en cuenta su parloteo, verás que se detendrán...

La recomendación que te hago es que te aceptes tal como eres. Porque, por más que se empeñen esas recalcitrantes voces internas (y algunas veces externas) en devaluarte y hacerte bullyng, tú siempre has sido y siempre serás una entidad divina y perfecta.

Sólo acéptate y quiérete tal como eres. Y aceptarse quiere decir: completamente, no nada más una parte. Son tus virtudes y tus defectos los que hacen de ti una persona única e irrepetible en el universo. De ahí que eres perfecto, y no se diga más.

Y, para que todas las cosas estén en un perfecto orden, resulta que, así como existe un pequeño diablillo tendiéndote trampas en uno de tus hombros, en el otro lado hay un angelito con alas, con vestiduras blancas, una aureola de luz adornando su cabeza, y en sus manos trae un arpa con la que entona música melodiosa para tus castos oídos.

Pues ese angelito o angelita es quien siempre te está echando porras; se trata ni más ni menos que de tu ángel guardián; es quien te empuja para que sigas adelante; ese angelito bueno es quien te levanta cuando caes o sientes desfallecer, etc.

Esa es la razón por la que a veces escuchas voces que te alientan y en otras ocasiones oyes gritos y reclamos diciéndote que eres un tarado, tonto e imbécil. ¿Ahora entiendes? En un hombro está tu ángel y en el otro un diablito que te hace la vida imposible.

Y bueno, como en este libro no voy a tratar el tema de los seres sutiles, vas a tener que buscar entre todas mis obras literarias uno donde sí haya tocado de forma profusa ese conocimiento, porque es muy difícil entregarte en pocas palabras la manera en que se deben transmutar las energías negativas cuando estas ya influyen en la salud física, mental o emocional de las personas. Te deseo la mayor de las suertes.

Debes enseñar el liderazgo:

Con el paso del tiempo tú te convertirás en un ejemplo a seguir para todos los que te rodean. Serás para los demás una rica fuente de inspiración. Y lo verdaderamente relevante será que más pronto que tarde, a través de los maravillosos resultados que vayas obteniendo, uno a uno tus más caros anhelos se irán cumpliendo de forma inexorable. Ten por seguro que eso finalmente sucederá, porque tú siempre has sido y siempre serás un gran líder.

Ahora lo que tienes que hacer es saber enseñar a tus hijos o a las nuevas generaciones para que se conviertan en unos buenos líderes como tú eres. Empecemos:

Enséñales a afrontar toda clase de tareas difíciles y que también saquen la mejor experiencia de sus derrotas. Ganar y perder es algo que todos debemos aprender y aceptar porque así es, no hay de otra.

Compárteles todas aquellas cosas que tú no hiciste bien cuando tenías sus edades; así podrás mostrarles cómo enfrentaste el problema y los pequeños aprenderán de tus errores. Una persona adulta vale más por los años vividos que por los certificados obtenidos en las escuelas. La escuela de la vida es un maravilloso campo que te llena de experiencias y conocimiento y que uno debe compartir con los demás.

Permite que los niños experimenten el riesgo hasta cierto punto. No te excedas en protegerlos tanto porque a final de cuentas les dará miedo realizar cosas fuera de su burbuja de protección que tú les das.

Cuando los veas metidos en problemas, no vayas a su rescate tan rápido. Eso quiere decir que si cada vez que necesitan ayuda, se las das antes incluso de que la pidan, no aprenderán a resolver los problemas por sí mismos nunca. Enséñalos a que tomen las mejores decisiones.

Practica lo que predicas. Recuerda que tienes la responsabilidad de moldear en sus comienzos la vida que quieres que vivan tus hijos. Por eso intenta ser honesto y veraz con lo que dices el mayor tiempo posible.

No quieras que los pequeños "maduren" antes de tiempo. La etapa de los niños tienen que vivirla como eso, como niños, y así sucesivamente. No intentes imponerles responsabilidades que no les corresponden.

No seas demasiado intransigente con ellos, pero a la vez no caigas en el absurdo de convertirlos en sujetos inútiles buenos para nada, ¿entiendes? No debes ser ni muy muy, ni tan tan. Nada con exceso, todo con medida.

Ojalá tengas suerte al compartir tus conocimientos y experiencias con las nuevas generaciones que entrenes. De ser así, en el futuro tendremos personas de éxito y no enfermos mentales o resentidos sociales que se conviertan en un cáncer o calamidad que haya que extirpar con dolor.

Ten una actitud mental positiva.

Una correcta actitud mental es el principio más importante para conquistar el éxito en todos los aspectos de tu vida.

Tú y sólo tú tienes el control total de todas tus actitudes. Nadie más que tú puede manejar cualquier tipo de situación que tenga que ver con tu persona. De hecho, un buen líder siempre saca provecho de la actitud mental positiva frente a los demás.

Ejercita ese control y encamínalo usando siempre una actitud mental positiva. Transforma los pensamientos negativos de ira, miedo, frustración, etc., por pensamientos de amor, felicidad, éxito, paz y seguridad.

Tu salud y tu vida dependen de la actitud que tengas en todo momento. Recuerda el dicho que dice: "El éxito atrae éxito, y el fracaso atrae fracaso"; y, como estás advertido, ni modo que alegues ignorancia a ese respecto un día.

Concéntrate en alcanzar el éxito y la abundancia en tu vida con una buena actitud y pronto verás los grandes resultados. Porque si te quedas parado sin hacer nada, aceptando tus derrotas sin buscarles un remedio, tu vida se llenará de fracasos y de miedo.

A través de la famosa actitud mental positiva obtendrás el máximo beneficio de lo que te propongas hacer y lo que quieras lograr. Cierra las puertas de tu mente a todos los fracasos del pasado.

Despeja la mente de cualquier influencia que no sustente una actitud mental positiva. Lo que pasó, ya pasó, son cosas del pasado y no las puedes cambiar. Lo que sí puedes hacer en el presente es trabajar decididamente hasta conquistar las metas que un día te propusiste.

Entiende que toda derrota o adversidad, haya sido provocada o no por ti, contiene la semilla de un beneficio equivalente. No te desanimes ante los problemas que te da la vida porque siempre algo positivo sacarás.

Capítulo Veintiuno

TEST DE AUTOCONOCIMIENTO

Las siguientes 70 preguntas, con sus respectivas respuestas, por supuesto, te proporcionarán una muy buena guía para que vayas experimentando los cambios que irás operando en tu persona al desarrollar tu potencial.

Quizá te convenga escribir las respuestas... pero si no quieres, no lo hagas; no importa tanto. Primero lee las preguntas y luego decide si respondes dentro de tu corazón o lo haces físicamente.

Si vas a contestar, te sugiero lo hagas con un lápiz, para que puedas borrar cuando cambies de parecer a futuro, pues descubrirás que las respuestas no serán contundentes y únicas porque tu forma de pensar va a cambiar con mucha seguridad.

Oh, también quiero decirte que las preguntas no siguen ningún orden ni tienen un sentido psicológico estricto; están plasmadas de una manera muy simple para que las contestes de ese mismo modo, con lo primero que te llegue a la cabeza.

Tampoco se trata que respondas con certeza y veracidad... de ninguna manera lo pienses así. En realidad las respuestas que des sólo te servirán a ti y a nadie más en el mundo. Hasta puedes guardar el secreto y no permitir que nadie más se entere, ya que es algo muy íntimo... algo muy tuyo:

1. ¿En qué lugar te gustaría vivir?

_____

2. ¿Cuál ha sido tu máximo logro?

_____

3. ¿Cuál de tus virtudes es la más valiosa?

_____

4. ¿Qué habilidad física quieres desarrollar?

_____

5. ¿Cuál deseo prefieres que se te cumpla?

_____

6. ¿Cuál es tu película favorita?

_____

7. ¿Cómo te visualizas de aquí a dos años?

_____

8. ¿Qué actividad roba tu preciado tiempo?

_____

9. ¿Estás perdidamente enamorado de la vida?

_____

10. ¿Cuál fue el momento más feliz de tu niñez?

_____

11. ¿Qué te duele mucho no haber hecho de joven?

_____

12. ¿Qué actividad de riesgo quieres hacer?

_____

13. ¿Con qué personaje histórico te identificas?

_____

14. ¿Le temes mucho, poco o nada al futuro?

_____

225

15. ¿Qué rasgo de tu personalidad no te gusta?

16. ¿Qué es lo único que te tranquiliza?

17. ¿A quién le pedirías perdón ahora mismo?

18. ¿Cómo quisieras que te recordaran?

19. ¿Qué envidias de los demás?

20. ¿Qué fruta te gusta más?

21. ¿Qué superhéroe serías?

22. ¿Qué te divierte demasiado?

23. ¿En qué inviertes tu dinero?

24. ¿Qué cambiarías de tu carácter?

_____

25. ¿De qué te sorprendes?

_____

26. ¿Qué te hace diferente al resto del mundo?

_____

27. ¿Cuál es tu mayor obstáculo en la vida?

_____

28. ¿Cuándo tuviste la mejor suerte?

_____

29. ¿Qué día no olvidarás jamás?

_____

30. ¿De qué te gusta hablar más?

_____

31. ¿Qué te hace reír a carcajadas?

_____

32. ¿Cuál es el mejor regalo recibido?

_____

33. ¿Qué parte de tu cuerpo no te agrada?

_____

34. ¿Qué regla te cuesta trabajo cumplir?

_____

35. ¿Eres mucho muy feliz?

_____

36. ¿Cuál es tu comida favorita?

_____

37. ¿Qué momento del día no te gusta?

_____

38. ¿Qué época del año te agrada más?

_____

39. ¿Salvarías una vida en un incendio?

_____

40. ¿En qué porcentaje eres bueno?

_____

41. ¿Qué te hace llorar mucho?

_____

42. ¿Te sientes orgulloso de ti mismo?

43. ¿Qué te cuesta más trabajo hacer?

44. ¿A tu padre lo consideras un héroe?

45. ¿Irías a pelear a la guerra?

46. ¿Qué aprecias de tu mejor amigo?

47. ¿Qué instrumento musical tocas?

48. ¿Qué idioma te gusta más?

49. ¿Cuál es el mejor sueño que has tenido?

50. ¿Qué te entristece sobremanera?

51. ¿Qué es lo que no te cansas de hacer?

_____

52. ¿A qué te dedicarías si fueras muy rico?

_____

53. ¿Tienes carencias en la vida?

_____

54. ¿Alguna vez has mentido?

_____

55. ¿Qué porcentaje de malo eres?

_____

56. ¿Qué deporte practicas?

_____

57. ¿Qué odias más en la vida?

_____

58. ¿Tienes sobrenombre?

_____

59. ¿Qué artículos coleccionas?

_____

60. ¿Cómo te gustaría morir?

_____

61. ¿Quisieras ser un gigante?

_____

62. ¿Decides todo muy rápido?

_____

63. ¿Qué te enfurece?

_____

64. ¿Qué es lo que más recuerdas?

_____

65. ¿Eres cobarde?

_____

66. ¿Maldecirías a tus semejantes?

_____

67. ¿Tienes tu conciencia tranquila?

_____

68. ¿Amas el dinero?

_____

69. ¿Quieres ser abundante?

_____

70. ¿De qué clase socioeconómica eres?

_____

Acerca del siguiente libro

"DESARROLLA TU POTENCIAL 2"

Si quieres conocer el éxito máximo en la vida, y experimentar la abundancia, la prosperidad, y la riqueza en todos los sentidos, vas a tener que trabajar para conseguirlos, ya que es un conocimiento que no se puede adquirir fácilmente por ósmosis. No hay de otra.

Si bien el universo hace su parte, tú también deberás hacer lo que te toca: tomar las riendas de tu futuro y operar algunos cambios sustanciales en tu persona. Ya que si te quedas parado viendo pasar el mundo cómodamente y sin actuar, tu vida seguirá siendo la misma, te lo aseguro. No cambiarás ni un ápice siquiera, y tú no quieres eso, ¿verdad?

Es muy probable que estos tiempos se presenten "difíciles" para la mayoría; pero para todo emprendedor (hablo de tu persona), esta es una época de inmenso potencial. No sólo es tiempo para que tomes las mejores decisiones de tu vida; de hecho, ¡nunca ha existido mejor momento para hacerlo! Así que, ¡hoy es el gran día para que inicies con la transformación de tu vida!

Toma en cuenta que el problema no son los demás; el problema está en ti. Deja de perder el tiempo y no te enfades con el gobierno ni con la corrupción en los sistemas corporativos, etc., deberías estar enojado contigo mismo porque no supiste desarrollar todo tu potencial latente en tu vida desde una edad temprana. Esa sí que hubiera sido la solución a tus problemas.

Sin duda la vida es dura, pero ahora la pregunta ineludible es, ¿qué vas a hacer al respecto? ¿Quejarte y lamentarte lo que te resta de vida? ¿Culpar a otros por tus carencias? ¿O te vas a poner a hacer algo serio para que conquistes un día tu soberanía? Tú decides.

Todos poseemos abundancia original; aunque pocos se dan cuenta de esta gran verdad, y menos comprenden cuándo fue el momento en que la dejaron de usar. Tu salto mayor para tener y disfrutar de una vida llena de éxito, abundancia y felicidad está muy próximo... veo que está a la vuelta de la esquina.

¿A qué me refiero? Al siguiente trabajo de investigación que te tengo para ti:

La guía que te entrego en el libro "Desarrolla tu potencial 2", hará que despiertes en un grado superlativo la conciencia de la riqueza, ya que ahí explico claramente cómo puedes manifestar lo que desees obtener en la vida, etc.

Algunos capítulos que componen la obra:

Si no conoces tu pasado, corres el riesgo de repetirlo.

La energía del dinero.

La libertad financiera.

Cómo crear las circunstancias.

Cómo ser en verdad emprendedor.

El lado oscuro de la economía.

La gota que derramó el vaso.

Cuánto tienes, cuánto vales.

¿Eres clase alta, media o baja?

El virus de la virginidad financiera.

Todos tus deseos se cumplen.

Rompe las cadenas de la esclavitud.

El enanismo mental.

El terrible cáncer de bolsillo.

Reglas para cambiar tu vida...

———

Fin de la presente obra.

www.ingramcontent.com/pod-product-compliance
Lightning Source LLC
Chambersburg PA
CBHW071837200526
45169CB00020B/1627